essentials

essentials liefern aktuelles Wissen in konzentrierter Form. Die Essenz dessen, worauf es als „State-of-the-Art" in der gegenwärtigen Fachdiskussion oder in der Praxis ankommt. *essentials* informieren schnell, unkompliziert und verständlich

- als Einführung in ein aktuelles Thema aus Ihrem Fachgebiet
- als Einstieg in ein für Sie noch unbekanntes Themenfeld
- als Einblick, um zum Thema mitreden zu können

Die Bücher in elektronischer und gedruckter Form bringen das Expertenwissen von Springer-Fachautoren kompakt zur Darstellung. Sie sind besonders für die Nutzung als eBook auf Tablet-PCs, eBook-Readern und Smartphones geeignet. *essentials:* Wissensbausteine aus den Wirtschafts-, Sozial- und Geisteswissenschaften, aus Technik und Naturwissenschaften sowie aus Medizin, Psychologie und Gesundheitsberufen. Von renommierten Autoren aller Springer-Verlagsmarken.

Weitere Bände in der Reihe http://www.springer.com/series/13088

Volker Tolkmitt · Ruben Wittrin

Virtuelle Währungen und das Finanzsystem

Volker Tolkmitt
Hochschule Mittweida
Mittweida, Deutschland

Ruben Wittrin
Hochschule Mittweida
Mittweida, Deutschland

ISSN 2197-6708　　　　　　ISSN 2197-6716　(electronic)
essentials
ISBN 978-3-658-32521-3　　ISBN 978-3-658-32522-0　(eBook)
https://doi.org/10.1007/978-3-658-32522-0

Die Deutsche Nationalbibliothek verzeichnet diese Publikation in der Deutschen Nationalbibliografie; detaillierte bibliografische Daten sind im Internet über http://dnb.d-nb.de abrufbar.

Planung/Lektorat: Guido Notthoff
Springer Gabler ist ein Imprint der eingetragenen Gesellschaft Springer Fachmedien Wiesbaden GmbH und ist ein Teil von Springer Nature.
Die Anschrift der Gesellschaft ist: Abraham-Lincoln-Str. 46, 65189 Wiesbaden, Germany

Was erwartet Sie in diesem *essential*

- Eine prägnante Übersicht über Funktion und Art der Kryptowährungen
- Ein Einblick in die Funktionsweise der Blockchain Technologie
- Eine Analyse der Leistungsfähigkeit von Digitalgeld
- Eine Gegenüberstellung der Kryptowährungen mit den Anforderungen des Finanzsystems
- Eine Prognose über das Potenzial von Kryptowährungen

Inhaltsverzeichnis

Einleitung 1

Die Skyline Frankfurts ist auf stabile Betonfundamente gebettet, der Betrachter ist von dem Spagat zwischen Höhe und Statik beeindruckt. Aus der Touristenperspektive von den Brücken über dem Main wirken die Glastürme ruhig und unerschütterlich, doch weit über den Köpfen kann es zu massiven Turbulenzen kommen, die Hochhäuser wirken als Trichter und beschleunigen so nochmals die Windgeschwindigkeit.

Durch moderne Ingenieurskunst trotzen die Türme den Naturgewalten bis heute. Im Bild gesprochen steht die Skyline Frankfurts für das etablierte Finanzsystem des Euroraums. Führt man diese Analogie weiter, kam es auch hier schon zu massiven Stürmen und Turbulenzen.

Stellen virtuelle Währungen einen weiteren bedrohlichen Sturm dar – oder sind sie nur ein lauer Wind, der kein Blatt vom Baum weht?

Exorbitante Kurssteigerungen und nebulöse Skandale haben den Blick der Öffentlichkeit und zentraler Finanzaufsichtsbehörden auf die sogenannten Kryptowährungen gelenkt. Doch allein Aufmerksamkeit stellt keine ernst zu nehmende Konkurrenz für das etablierte Geldsystem dar. Wollen Bitcoin und Co. seriöse Alternativen für den Zahlungsverkehr darstellen, müssen sie sich zuerst den Regeln des Marktes stellen.

Lange vor der Digitalisierung und vor dem Internet gab es immer wieder Versuche, eigene Lokal- oder Regionalwährungen zu implementieren. Sie haben es nie zu allgemeiner Akzeptanz gebracht und verschwanden, meistens sogar sehr schnell ohne größere Verbreitung. Mit dem Zeitalter der Digitalisierung wurden bereits viele Dinge revolutioniert. Die Kommunikation hat sich mit Internet, Email und sozialen Netzwerken grundlegend verändert. Elektronische Kaufgewohnheiten führten zu einer Disruption des Einzelhandels. Der schwerlastige „Quelle-Katalog" und das herausgebende Unternehmen hat sein Gewicht im Markt schneller verloren als es jede Diät für uns tun könnte. Dabei steht „Quelle"

V. Tolkmitt und R. Wittrin, *Virtuelle Währungen und das Finanzsystem*, essentials, https://doi.org/10.1007/978-3-658-32522-0_1

1

nur stellvertretend für eine Vielzahl von Unternehmen, die die digitale Transformation verschlafen haben und heute nicht mehr existieren. Weitere fundamentale Einflüsse sind zu erwarten. Warum sollten dann nicht auch virtuelle Währungen endlich den Durchbruch bei einer Veränderung des Finanzsystems bewirken? Eine Antwort darauf kann man nur geben, wenn man die potenziellen Anwendungsbereiche analysiert und die Einflussparameter für eine flächendeckende Nutzung kennt.

Dieses Buch richtet aus wissenschaftlicher Perspektive einen Blick in das zum Teil intransparente Geflecht der virtuellen Währungen, konfrontiert diese mit Anforderungen, die an Zahlungsmittel gestellt werden und vergleicht mit dem etablierten Finanzsystem des Euroraums.

1.1   Blockchain-Technologie als Basis für Kryptowährungen

Vorarbeiten für eine Technologie, die einen sicheren und schnellen Datenaustausch in digitalen Netzwerken ermöglicht, gibt es mindestens seit den Neunzigerjahren. Als Beginn der „Revolution unter den Währungen" gilt der inzwischen legendäre Aufsatz von Satoshi Nakamoto „Bitcoin: A Peer-to-Peer Electronic Cash System" (Nakamoto 2008).

Die Grundidee einer Blockchain (vgl. Abb. 1.1) sind „verteilte Transaktionsregister" (Distributed Ledger), die eine vollständige, nicht veränderbare Historie von Eigentums- und Übertragungsbeziehungen beinhalten. Verbundene Transaktionen werden dann in Blöcken abgebildet. Diese Blockchain-Technologie verbundener „Distributed Ledger" ist wiederum die Basis für die Einführung von virtuellen Währungen, wie z. B. Bitcoin.

Die Technologie kann Tauschbeziehungen digital, sicher, schnell und möglicherweise zukünftig auch preiswert gestalten. Aufgrund dieses Potenzials wird sie oft als disruptiv bezeichnet. Darin drückt sich die Erwartung aus, bestehende Produkte und Dienstleistungen, insbesondere Intermediationsleistungen, zukünftig aus dem Markt zu drängen.

Viele Distributed Ledger bzw. Blockchain-Anwendungen, die in den letzten Jahren diskutiert wurden, werden es nicht bis zur Marktreife bringen. Zum einen ist die Blockchain nicht immer herkömmlichen Technologien in Geschwindigkeit, Sicherheit und Kosten überlegen. Zum anderen entwickeln sich konkurrierende Digitaltechnologien ebenfalls weiter und die technischen und energetischen Probleme der Blockchain treten mehr und mehr zu Tage. Darüber hinaus stellen sich

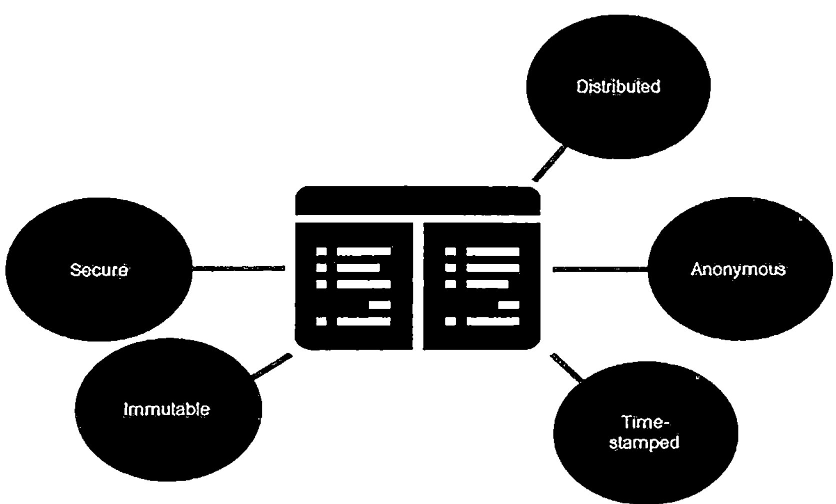

Abb. 1.1   Eigenschaften des Blockchain-Netzwerks

disruptive Technologien oft erst in der Rückschau als solche heraus und benötigen längere Zeiträume zur Etablierung.

Der Anspruch einiger Aktivisten der Blockchain-Community ist es, dass vorhandene Intermediäre wie Banken, Notare, Makler überflüssig werden. Der wirtschaftliche Kern dieser Überlegungen beruht auf möglichen Kosteneinsparungen und der Überwindung von Marktmacht etablierter Anbieter. Einsparungspotentiale existieren bei allen Intermediationsdienstleistungen. Digitale Technologien werden die Realisierung solcher Einsparungen ermöglichen. Die Blockchain-Technologie kann eine solche Technologie sein (vgl. Abb. 1.2).

Jedoch werden auch wieder andere Abhängigkeiten geschaffen. Unternehmen, die innovative und kostengünstige Anbahnungs- und Abwicklungslösungen anbieten, werden partiell bisherige Intermediäre verdrängen, die sich nicht für die neuen technischen Lösungen öffnen. In dem Maße, in dem sich die Blockchain-Technologie durchsetzt und breite Verwendung findet, werden sich neue Wettbewerber etablieren und einzelne Anbieter werden eine marktbeeinflussende Position erlangen. Das Internet wurde von einigen ihrer Pioniere ebenfalls als die disruptive Technologie betrachtet, die Unabhängigkeit und Kostenfreiheit für viele Anwendungen bringen wird. Es hat sich als disruptiv herausgestellt, konnte sich aber massenwirksam nur durchsetzen, weil Geschäftsmodelle und

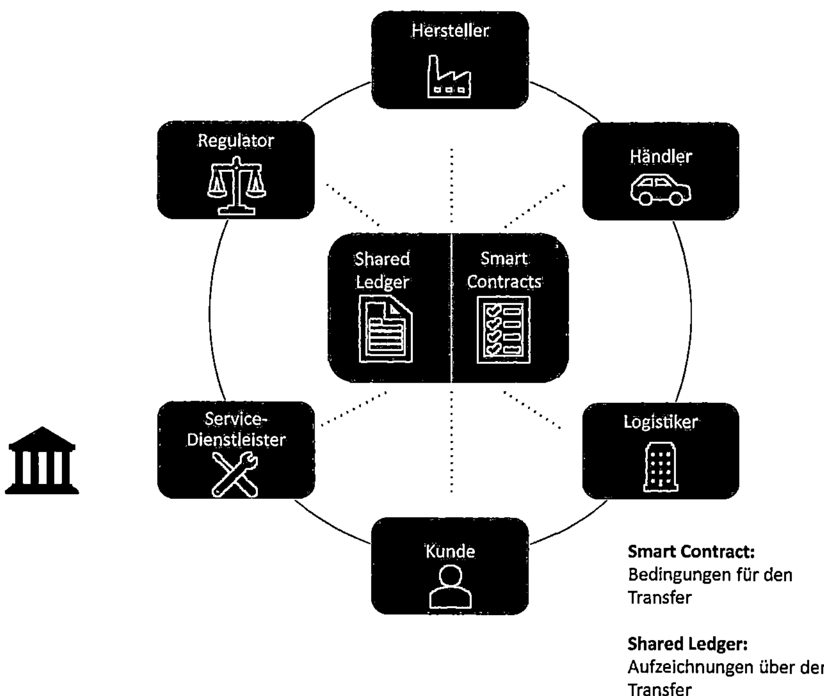

Abb. 1.2 Beispiel einer komplexen Wertschöpfungskette

Produktlösungen entwickelt wurden, mit denen man durch das Internet Geld verdienen kann und einen Mehrwert stiftet.

1.2 Blockchain und Token

Renommierte deutsche und internationale Firmen wie IBM, Porsche oder BMW initiieren Projekte, um die Blockchain-Technologie auf potenzielle Anwendungsbereiche zu prüfen. Dabei spielen sogenannte „Token" eine ausschlaggebende Rolle. Die Herkunft des Wortes findet sich im Altenglischen „tacen" und bedeutet Zeichen oder Symbol. Token wurden in England als Scheidemünze verwendet (vgl. Prinz 2018, S. 1). Im wissenschaftlichen Sprachgebrauch existieren viele unterschiedliche Bedeutungen. So wird, z. B. in der Informatik unter „Token" eine „Kontrollinformation" (Podbregar 2014, S. 1) verstanden, in der Archäologie ein „frühgeschichtlicher Rechenstein" (Podbregar 2014, S. 1). Im Kontext der Blockchaintechnologie und der Finanzwirtschaft stellt der Token ein digitales Gut dar. Dieser kann diverse (Vermögens-)Ansprüche oder Rechte repräsentieren oder auch Vermögens- oder Rechteübertragungen dokumentieren (vgl. Blockchain Bundesverband e. V. 2018, S. 8). Die BaFin versteht unter dem Begriff "Kryptotoken" eine „digitale Abbildung eines intrinsischen oder marktseitig zugesprochenen Wertes durch Nutzung der Distributed Ledger Technologie" (BaFin 2018, S. 54). Token werden bei „Initial Coin Offerings" (ICOs) gegen Bezahlung von Krypto- oder auch realen Währungen ausgegeben oder über eine Börse für virtuelle Währungen emittiert.

Die Emission von „Token" ist im Jahr 2017 sprunghaft angestiegen. Seitdem ist eine Konsolidierung zu verzeichnen. Bisher ist es keinem Token bzw. keiner Kryptowährung gelungen, in eine nachhaltige Anwendung überführt zu werden. Dabei verlieren die derzeit populärste Applikation, der Bitcoin und andere Kryptowährungen tendenziell an Gewicht. Zukunftstrends wie das „Internet der Dinge" oder die Digitalisierung sind Treiber neuer Wertschöpfungsketten, auch in Bezug auf dezentrale Informationssysteme. Die „Tokenisierung von Dingen", also die Abbildung von Eigentums- oder Verwertungsrechten an realen Werten durch Token (vgl. Gorlow 2017) könnte eine Auswirkung der Digitalisierung sein. Aufgrund dieser Entwicklungen ist die Kenntnis über Token, deren Einteilungsmöglichkeiten und Anwendungen für künftige Stakeholder von Bedeutung.

Eine formaljuristische Einordnung und Klassifikation von Token ist bisher noch nicht abgeschlossen. Zur Sicherstellung von Rechtssicherheit benötigen Akteure aber Klarheit, welches Recht für ihre jeweiligen Token anzuwenden ist. Dazu ist die Systematisierung möglicher Token-Klassen und deren Definition eine wesentliche Voraussetzung. Das Krypto-Unternehmen „Distributed Lab" hat anhand der unterschiedlichen Anwendungsfelder ein Framework namens „Token D" zur Einteilung von Token entwickelt. Anhand von fünf Kriterien können diese in bis zu 243 einzelne Arten klassifiziert werden (vgl. Giese 2018a).

Die hohe Varianz der verschiedenen Einteilungsmöglichkeiten anhand des Frameworks spiegelt die Komplexität der Klassifikation von Token wieder. Trotz der stark unterschiedlichen Eigenschaften und Use Cases ist eine allgemeinere Klassifikation der ca. 2000 Token weltweit notwendig.

Giese führt den Unterschied zwischen Coin und Token anhand technischer Aspekte aus. Er definiert einen Coin als eine alleinstehende Lösung basierend auf einer eigenen, autonomen Blockchain bzw. einer blockchain-ähnlichen

Datenstruktur. Um diese Coins bildet sich ein Netz von Nodes, Minern und Entwicklern. Token können dagegen nicht autonom existieren. Sie sind sozusagen an eine existierende Blockchain angebunden. So basieren beispielsweise zahlreiche Token-Anwendungen auf der Infrastruktur des Ethereum-Protokolls (vgl. Giese 2018b).

In Abb. 1.3 werden Token nach ihrer Funktionalität unterschieden. Diese Abgrenzung ist hinsichtlich einer juristischen Behandlung wesentlich. Token aus der Distributed Ledger Welt entstehen und existieren nicht in rechtsfreien Räumen. Die Fragestellung lautet dabei nicht, ob Token einer vermögens-, steuer- oder aufsichtsrechtlichen Zuordnung unterliegen, sondern welcher Einstufung. Daher ist die Klassifizierung der in Abb. 1.3 abgebildeten Grafik nicht nur definitorisch interessant, sondern geschäftspolitisch relevant. Dies gilt insbesondere, weil diese Einteilung der Klassifizierung der BaFin und des Blockchain-Bundesverbandes entspricht.

Steht ein Investor vor der Frage, in welche Kategorie er seine gewünschten Token einzuordnen hat, muss er zuvor im Whitepaper des Anbieters die Eigenschaften der angebotenen Token herausfinden. Das kann im Einzelfall schwierig sein, weil nicht jeder Anbieter ein seriöses Whitepaper zur Verfügung stellt. Doch laut BaFin müssen alle „Marktteilnehmer, die Dienstleistungen in Bezug auf Token erbringen, mit Token handeln oder Token öffentlich anbieten […] genau prüfen, ob ein reguliertes Instrument, d. h. z. B. ein Finanzinstrument im Sinne

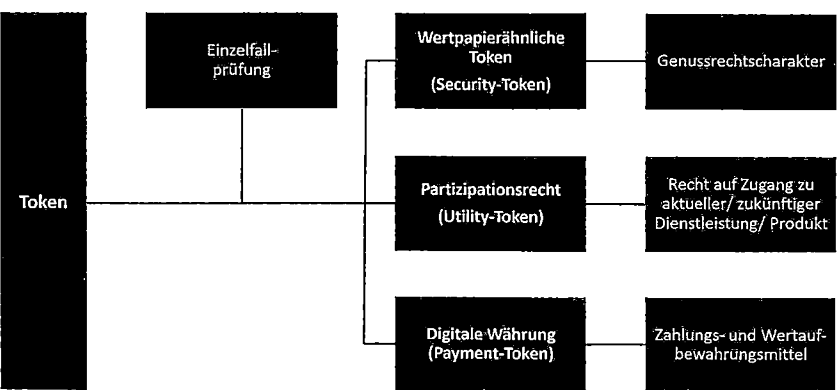

Abb. 1.3 Systematisierung von Token. (Quelle: Eigene Darstellung in Anlehnung an Blockchain Bundesverband e. V. 2018, S. 10–11; Hahn und Wons 2018, S. 9–12 und BaFin 2017, S. 2–3)

des § 2 Abs. 4WpHG" (BaFin 2017, S. 1) vorliegt. Somit ist die Einzelfallprüfung der Token-Eigenschaften Voraussetzung der Zuordnung in einen bestimmten Typus.

Die Klassifikation in drei Hauptkategorien (Token als Finanzinstrument, als Recht oder als digitale Währung) ermöglicht einen schnellen und umfassenden Überblick. Zudem ist diese Einordnung anhand der Eigenschaften von Token logisch (vgl. Tolkmitt und Wittrin 2018, S. 7).

Der Blockchainbundesverband gibt weiterhin zu beachten, dass diese Systematisierung prioritär zu Vereinfachungszwecken erstellt wurde. Eine rechtliche Bewertung soll durch diese nicht gegeben werden. Als erschwerender Faktor bei der Einteilung kommt hinzu, dass Token in der Praxis vorwiegend hybrider Natur sind und damit mehrere Funktionalitäten aufweisen können. So dienen 99 % aller Utility- oder Security-Token als Geldmittel innerhalb ihrer Netzwerkgemeinschaft und können so auch als Digitale Währung bezeichnet werden (vgl. Blockchain Bundesverband e. V. 2018, S. 11).

1.2.1 Wertpapierähnliche Token (Security-Token)

Security Token weisen Ähnlichkeiten zu herkömmlichen Wertpapieren, wie z. B. Aktien auf (vgl. Tolkmitt und Wittrin 2018, S. 7). Sie haben somit eigenkapitalähnliche Züge und stellen ein Vehikel zur Investition in ein Unternehmen dar. Der Genussrechtscharakter impliziert oftmals Gewinnbeteiligungen oder auch Mitsprache- und Beteiligungsrechte (vgl. Hahn und Wons 2018, S. 10). Diese Aussicht auf Rendite grenzt wertpapierähnliche-Token von Utility-Token ab, bei denen die Nutzung, aber keine Gewinnbeteiligung im Vordergrund steht. Security-Token können laut BaFin Wertpapiere i. S. d. § 2 Abs. 1 WpHG, Anteile an einem Investmentvermögen i. S. d. § 1 Abs. 1 KAGB, Vermögensanlagen i. S. d. § 1 Abs. 2 VermAnlG oder auch Basis für derivative Geschäfte i. s. d § 2 Abs. 3WpHG sein.

Ein Token gilt als Wertpapier nach § 2 Abs. 1 WpHG, wenn folgende Kriterien gleichzeitig erfüllt sind:

- Übertragbarkeit
- Handelbarkeit auf den Finanzmärkten
- Verkörperung von mitgliedschaftlichen Beteiligungs- oder schuldrechtlichen Vermögensrechten
- Keine Einordnung des Token als reines Zahlungsinstrument (vgl. BaFin 2018, S. 61).

Für Anleger und Unternehmer bedeutet die Aufnahme von Security Token in den rechtlich regulierten Bereich des organisierten Kapitalmarktes einerseits Rechtssicherheit, andererseits aber auch damit einhergehende bürokratische (aufsichtsrechtliche) Hürden und eine entsprechende Besteuerungspflicht. Viele ICOs versuchen daher, dies durch eine Einstufung als Utility Token zu umgehen. Da dort aber keine Dividende oder ähnliche Ausschüttungen gezahlt werden dürfen, ist diese Form für den Zweck mancher Token ungeeignet. Lange meint zur Einstufung als Security, dass aufgrund der Bindung an das Kapitalanlagegesetz und das Wertpapierhandelsgesetz die juristischen Kosten und Regularien um ein Vielfaches höher seien als bei Utility-Token. Trotzdem kann diese teurere Einstufung von Vorteil sein, denn diese verkörpert, wie eine Aktie einen echten Anspruch an das Unternehmen (vgl. Lange 2018).

Das Unternehmen „aequator" versucht den Spagat zwischen Steuerfreiheit für Anleger und rechtlicher Sicherheit mittels einer Genossenschaftsstruktur zu vollziehen. Der Token ist per Definition ein Security Token, da er Anleger an Gewinnen beteiligt. Da aber in Deutschland Genossenschaften eine steuerfreie Rückvergütung zugesprochen bekommen, müssen Investoren diese Ausschüttungen nicht besteuern. Dieser Ansatz ist so einmalig und ist bedingt durch den gesetzlich vorgeschriebenen Förderzweck einer Genossenschaft (vgl. Aequator 2018, S. 26- 27).

1.2.2 Token als Partizipationsrecht (Utility-Token)

Ein Utility-Token hat eine bestimmte Funktion („utility") innerhalb einer Blockchain-basierten Institution. Dieser funktionale Nutzen in Form eines Zugangs zur Plattform, soll dem Inhaber zur Verfügung gestellt werden (vgl. Hahn und Wons 2018, S. 10). Die BaFin definiert: „Bei Utility-Token [...] steht die alleinige Nutzung zum Bezug einer realwirtschaftlichen Dienstleistung im Vordergrund und nicht eine finanzielle Gegenleistung" (vgl. BaFin 2018, S. 62). Tokeninhaber haben somit besondere Rechte im Netzwerk, wie z. B. ein Recht auf Zugang zu einer (zukünftigen) Dienstleistung, einem bestimmten Produkt oder das Recht den Token gegen eine Dienstleistung/Produkt auszutauschen. Außerdem können über Utility Token auch Stimmrechte erworben werden, die oftmals dafür bestimmt sind, die Entwicklung der Dienstleistung/des Produktes in deren/dessen Eigenschaften weiter zu entwickeln (vgl. Blockchain Bundesverband e. V. 2018, S. 11). Im Gegensatz zu Security Token sind sie aber „nicht als Investition konzipiert" (vgl. Katalyse.io 2018, vgl. Wesley 2018) und stellen keinen Anteil am Unternehmen dar. Vielmehr haben sie, wie oben beschrieben, einen bestimmten Nutzungszweck (z. B. Bezahlung innerhalb der Community) und sind vergleichbar „mit einem Gutschein zur Nutzung des Systems" (Rohm 2018; Utility Tokens). Manche dieser Token werden aber trotzdem als Spekulationsobjekt genutzt und unterliegen Wertschwankungen.

1.2.3 Token als Digitale Währung (Payment-Token)

Unter einem Token vom Typus „Digitale Währung" ist ein rein digitales Wertaufbewahrungsmittel zu verstehen (vgl. Hahn und Wons 2018, S. 10). Die BaFin betrachtet Payment-Token als eine digitale Abbildung von Wert. Dieser Wert wurde aber nicht von einer Zentralbank oder Behörde geschaffen und habe somit keine Verbindung zu gesetzlichen Zahlungsmitteln (vgl. BaFin 2016). Kryptowährungstoken werden als Zahlungsmittel innerhalb eines Netzwerkes für Transaktionen zwischen den Nutzern bzw. auch zwischen dem Netzwerkbetreiber und den Nutzern eingesetzt (vgl. Siedler et al. 2018, S. 11). Dabei ist zu beachten, dass Kryptowährungstoken kein gesetzliches Zahlungsmittel und damit weder Devisen noch Sorten sind (vgl. BaFin 2016).

Die BaFin betrachtet eine mögliche Einstufung von Payment-Token als Währung hinsichtlich rechtlicher und ökonomischer Aspekte. Aus rechtlicher Sicht qualifizieren sich Kryptowährungstoken nicht zu einer Währung, wenn sie nicht der Verfassungsordnung des Geldwesens eines Staates entsprechen. Sie wurden nicht von einer Zentralbank oder einer anderen öffentlichen Stelle emittiert und sind nicht zwangsläufig an eine gesetzlich festgelegte Währung angebunden. Ökonomisch betrachtet muss eine Währung als Zahlungsmittel, als Wertaufbewahrungsmittel und als Rechnungseinheit benutzbar sein. Laut BaFin wird keine dieser Eigenschaften regelmäßig und im ausreichenden Maße von Kryptotoken erfüllt. Somit stellen sie aus ihrer Sicht keine ökonomische Währung dar, sondern wären eher als Spekulationsobjekt zu betrachten (vgl. BaFin 2018, S. 55–57).

1.3 Einordnung von Kryptowährungen als Token

Wie bei anderen Innovationen mit Potenzial wächst die Zahl der Interessenten und aktiven Teilnehmer exponentiell. Obwohl die Zahl der Anwendungen und die Geschäftsvolumina im Verhältnis zum Gesamtmarkt unverändert niedrig sind, erreichen insbesondere die Kryptowährungen inzwischen eine große Wahrnehmung (vgl. Jung 2017, S. 2018). Die Zahl der Marktteilnehmer und die Zahl der Angebote an Kryptowährungen steigen schnell. Eine solche Situation ist typisch für Technologien bzw. Innovationen, denen eine revolutionäre Veränderung von Geschäftsmodellen und ganzen Wirtschaftsbranchen zugetraut wird. Das vorhandene Potenzial führt in Kombination mit der Zugkraft „des Unbekannten" regelmäßig zu Spekulationswellen. Die Zahl der Nachfrager nach virtuellen Währungen steigt aufgrund der Marktphantasie noch schneller als die Zahl der Kunstwährungen. Da gleichzeitig das Angebot der jeweiligen virtuellen Verrechnungseinheiten technisch limitiert ist, ergibt sich ein zusätzliches Spekulationspotenzial. Ein erheblicher Teil der Anteilseigner, insbesondere die Mehrheitseigentümer der Anfangszeit, halten mutmaßlich hohe Bestände. Auf diese Weise steht gegenwärtig nur ein geringfügiges Angebot zur Verfügung.

1.3.1   Funktionale Einordnung

Da keine digitale Geldeinheit als gesetzliches Zahlungsmittel zugelassen ist, sind sie formal keine Währung. Damit fehlt den Crypto Currencies ein entscheidendes juristisches Merkmal einer Währung. Die EZB formuliert folgende Definition: „A virtual currency is a type of unregulated, digital money, which is issued and usually controlled by its developers, and used and accepted among the members of a specific virtual community" (EZB 2012, S. 13). Die EZB hat diese Definition im Jahr 2012 gegeben und sieht bisher keine Veranlassung, davon abzuweichen. Virtuelle Währungen werden nur innerhalb bestimmter Gruppen gehandelt und stellen damit auch faktisch keine allgemeine, bzw. staatlich anerkannte Währung dar. Sieben Jahre nach Formulierung dieser Definition sind virtuelle Währungen immer noch „Nischenwährungen". Der Unterschied liegt in der Größe der Nische. Das rasante Wachstum rief eine „Goldgräberstimmung" hervor und lockte zahlreiche Investoren an. Dieses vermeintliche Gold waren bzw. sind die sogenannten Kryptowährungen oder virtuelle Währungen. In der Abgrenzung der EZB sind die Kryptowährungen nur eine Teilmenge virtueller Währungen. Anfang 2013 listete coinmarketcap sieben Kryptowährungen, mit einer Gesamtkapitalisierung von knapp 1,6 Mrd. US-$ (vgl. coinmarketcap 2013). Im Februar 2020 sind 5.089 unterschiedliche Kryptowährungen erfasst mit einer Marktkapitalisierung von 259,7 Mrd. US-$ (vgl. coinmarketcap 2020). Das entspricht einem Wachstum von 72.600 % im Hinblick auf die Anzahl und einem wertmäßigen Anstieg um 16.131,25 %.

Die EZB unterteilt virtuelle Währungen in drei Kategorien:

Geschlossene virtuelle Währungssysteme
Diese haben meistens keine Verankerung in die reale Welt und werden nur innerhalb des in sich geschlossenen virtuellen Kreises erworben und gehandelt. Dorthin gelangen keine externen Geldströme und interne Ströme fließen nicht ab. Als Beispiel können virtuelle Währungen verschiedener Online-Games genannt werden, wie „WoW-Gold". Hier war es in den Richtlinien des Herstellers „Blizzard Entertainment" verboten, dieses Gold gegen reale Währungen zu tauschen (vgl. EZB 2012, S. 13). Aufgrund der Nachfrage wurde aber ein Umweg gefunden. So wurde dieses, in der Vergangenheit geschlossene Währungssystem, immer offener. Nun tendiert es eher zu den unten aufgeführten Systemen.

Virtuelle Währungssysteme mit unidirektionalem Fluss
Hier kann eine virtuelle Währung bei sogenannten „Exchanges" (Wechselstuben) gegen eine reale Währung zu einem bestimmten Kurs eingetauscht werden. Nun kann der Erwerber die virtuelle Währung innerhalb des Akzeptanzkreises benutzen, aber der Rücktausch in eine reale Währung ist in der Regel nicht mehr möglich. Es gibt ebenfalls Anwendungsbeispiele in der Unterhaltungsindustrie. So konstruierte Nintendo eine eigene virtuelle Währung, die man per Kreditkarte oder im Einzelhandel mittels Gutscheinkarten erwerben kann, um z. B. neue Spiele zu kaufen. Ein Rücktausch in die Ursprungswährung ist allerdings nicht möglich (vgl. EZB 2012, S. 14).

Virtuelle Währungssysteme mit bidirektionalem Fluss
Interoperabilität kennzeichnet virtuelle Währungssysteme mit bidirektionalem Fluss (vgl. EZB 2012, S. 15). Die Währung ist nun frei eintausch- als auch rücktauschbar. Das System ist nicht mehr geschlossen. Die gegenüber geschlossenen oder unidirektionalen Systemen stärkere Verankerung in die reale Welt erweitert den Nutzungskreis potenzieller Anwender. Dass virtuelle Währungen, wie z. B. Kryptowährungen aber oft Schwierigkeiten haben in der realen Welt Fuß zu fassen, zeigt die geringe Anzahl der Akzeptanzstellen.

Abb. 1.4 fasst die von der Europäischen Zentralbank definierte Typologie zusammen:

1.3.2 Definition und Einordnung virtueller Währungen durch die BaFin

Die BaFin bedient sich einer Definition, welche in der fünften Geldwäscherichtlinie festgehalten ist. In dieser Definition spiegeln sich die Zweifel an der Seriosität

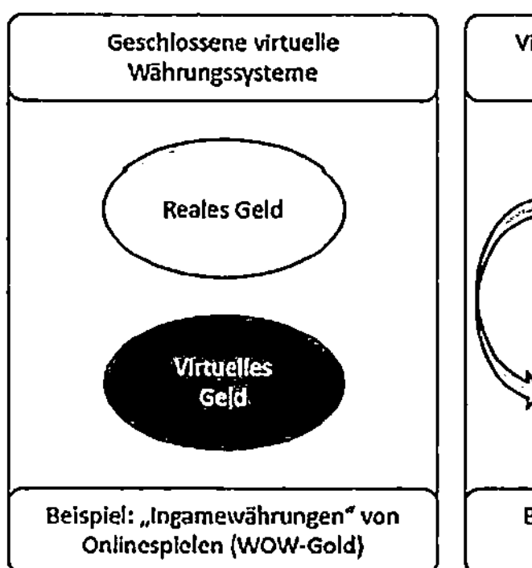

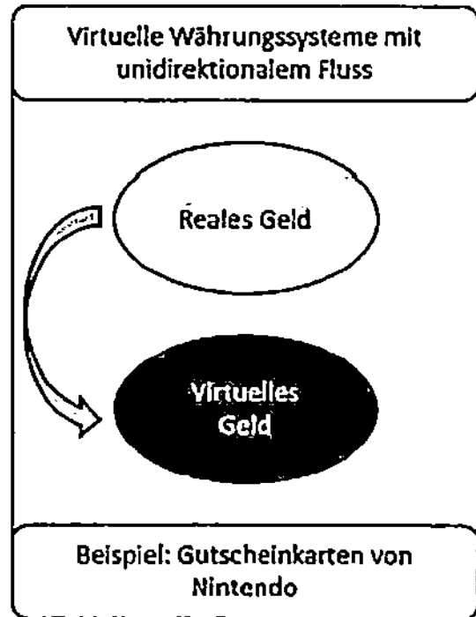

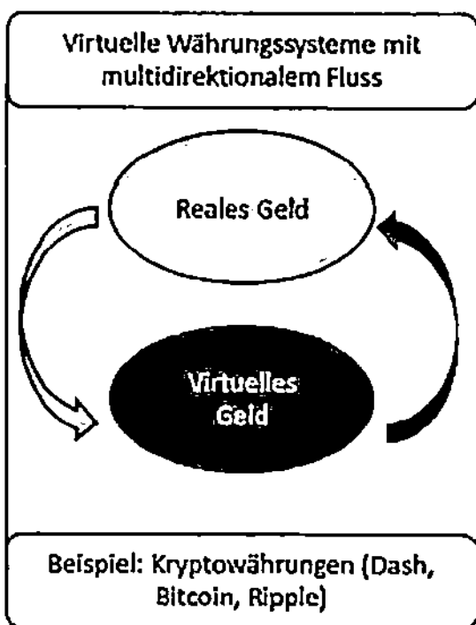

Abb. 1.4 Typologie der EZB. (Quelle: Eigene Darstellung in Anlehnung an EZB 2012, S. 15)

mancher virtueller Währungen. Die Hervorhebung einer gewünschten Anonymität dezentraler Netze als Vorteil virtueller Währungen stellt für die Organisierte Kriminalität bzw. illegale Wirtschaftskreisläufe eine gesteigerte Attraktivität dar. Laut Art. 1 (2) (d) der 5. Geldwäscherichtlinie sind virtuelle Währungen „eine digitale Darstellung eines Werts, die von keiner Zentralbank oder öffentlichen Stelle emittiert wurde oder garantiert wird und nicht zwangsläufig an eine gesetzlich festgelegte Währung angebunden ist und die nicht den gesetzlichen Status einer Währung oder von Geld besitzt, aber von natürlichen oder juristischen Personen als Tauschmittel akzeptiert wird und die auf elektronischem Wege übertragen, gespeichert und gehandelt werden kann." (RL (EU) 2018/843, ABl. L 156/43).

Die aktuellere Version der BaFin ist im Gegensatz zur Definition der EZB aus dem Jahr 2012 ausführlicher und klarer im Hinblick auf den Status virtueller Währungen. Die Ereignisse der dazwischen liegenden Jahre scheinen also eine deutlichere Abgrenzung erforderlich gemacht zu haben. Viele Enthusiasten virtueller Währungen haben in den vergangenen Jahren ihre Ansicht, dass virtuelle Währungen auch tatsächlich den anerkannten Status realer Währungen haben sollen, immer deutlicher ausgedrückt. Doch dem entgegen steht die in der Definition enthaltene und mehrfach auch an anderer Stelle bekundete Erklärung der BaFin, dass virtuelle Währungen zumindest gesetzlich gesehen keine Währung und auch kein Geld darstellen. Darüber hinaus würde eine Änderung dieses Status wirtschaftlich nur sinnvoll erscheinen, wenn die digitalen Zahlungsmittel die Eigenschaften einer Währung mindestens so gut erfüllen, wie analoge Währungen

und eine vergleichbare Akzeptanz erzielen würden. Beides ist bisher nicht gegeben und in naher Zukunft auch nicht zu erwarten. Es bleibt aber zu untersuchen,
ob die Digitalwährungen grundsätzlich das Potenzial mitbringen.

1.3.3 Einordnung von Kryptowährungen durch die Bundesbank

Die Bundesbank definiert Kryptowährungen als „verschlüsselte und dezentral
gespeicherte Datenprotokolle. Sie werden ohne Einflussnahme einer staatlichen
Zentralbank produziert, zwischen Zahlungssender und -empfänger übermittelt und
lassen sich als Zahlungsmittel einsetzen" (Thiele und Diehl 2018, S. 1).

Die Bundesbank sieht Kryptowährungen wie den Bitcoin durchaus kritisch
und betrachtet diese mehr als Spekulationsobjekt denn als Währung. Vorstands-
mitglied Joachim Wurmeling machte das während einer Rede deutlich: „Ob
digital, virtuell, cyber oder krypto: Als ´Währungen´ werden wir Bitcoin und
Konsorten im Deutschen eigentlich kaum gelten lassen können, denn juristisch
versteht man hierzulande unter ´Währung´ das Geldwesen eines Staates, also
seine Währungsverfassung und damit die von Rechts wegen vorgesehene Ord-
nung eines nationalen Geldwesens. Darum handelt es sich bei den virtuellen
Währungen sicher nicht" (Wurmeling 2018, Definitionsfragen um virtuelle Währungen). Weiterhin brachte er zum Ausdruck, dass der Begriff „Währung" für
monetäre Geldeinheiten wie Dollar, Euro, Mark oder Taler benutzt wird. Da auch
Kryptowährungen wie Bitcoin oder Dash in monetären Geldeinheiten dargestellt
werden, gälte in diesem Sinne die Bezeichnung als „Währung" auch für private
Emissionen (vgl. Wurmeling 2018, Definitionsfragen um virtuelle Währungen).

Ökonomisch betrachtet kann man von einer Währung sprechen, wenn entsprechende Geldfunktionen erfüllt sind: Tauschfunktion, Wertaufbewahrungsfunktion
und die Funktion als Recheneinheit. Laut Bundesbank erfüllen die bisherigen
virtuellen Währungen diese Kriterien nicht (vgl. Thiele und Diehl 2018, S. 5).

1.4 Systemrelevanz von Kryptowährungen

Die in populärwissenschaftlichen Beiträgen bzw. sozialen Netzwerken viel zitierte
Disruption des Finanzsystems durch die Kryptowährungen kann nur eintreten,
wenn eine oder mehrere Kryptowährungen in der Lage sind, für alle Akteure in
einer Volkswirtschaft ein Äquivalenzgut zu sein. Die Erfüllung der Geldfunktionen erfordert ein stabiles Gleichgewicht zwischen Angebot und Nachfrage. Dies

bedeutet, dass die umlaufende Menge der Kryptowährung, die diese Eigenschaften erfüllt dynamisch an die Nachfrage anpassbar sein muss. Die Schöpfung von Kryptowährungen (Mining) ist begrenzt und die Zuwachsrate ist nicht zentral steuerbar. Zur Erhaltung eines stabilen Marktpreises muss es aber auch möglich sein, die Geldmenge der Nachfrage anzupassen und ggf. zu erhöhen oder zu reduzieren. Dafür ist in einem dezentralen Netzwerk, in dem sich Kryptowährungen bewegen, niemand verantwortlich. Es müsste also eine „künstliche" Instanz geschaffen werden, die diese Steuerungsfunktionen übernimmt. Ansonsten kann keine Preisniveaustabilität gewährleistet werden. Die Preisniveaustabilität ist aber die Voraussetzung dafür, dass ein Äquivalenzgut von den Akteuren akzeptiert wird. Die künstliche digitale Steuerungsinstanz müsste darüber hinaus die Aufgaben der analogen Zentralbank besser erfüllen. Dies erscheint nur realistisch in Volkswirtschaften mit Schwachwährungen. Kryptowährungen sind nur in Wirtschaftsräumen systemrelevant, in denen keine Preisniveaustabilität besteht, also die analoge Währung die Geldfunktionen nicht hinreichend gut erfüllt.

Analoge Geld- und Währungssysteme 2

Um die Eignung von Payment-Token als Währungen beurteilen zu können, ist die Analyse herkömmlicher Geld- und Währungssysteme notwendig. Daraus kann abgeleitet werden, ob Kryptowährungen potenziell die Rolle von analogen Währungen übernehmen können oder sogar eine neue Leitwährung sein können. Die Funktionsfähigkeit klassischer Geld- und Währungssysteme wird bestimmt durch deren Fähigkeit, den Marktmechanismus durch die Gewähr eines stabilen Preisniveaus sicherzustellen. Die Währung muss darüber hinaus allgemein akzeptiertes Tauschgut sein. Aus beiden Bedingungen ergibt sich die Eigenschaft eines Rechenmaßstabes. Als weitere Eigenschaft von Geld muss die Wertaufbewahrungsfunktion gegeben sein.

Die Erfüllung der Kriterien ist notwendig, aber nicht hinreichend für ein funktionierendes Währungssystem. Das Geld muss in ein Steuerungssystem eingebettet sein, dass gewährleisten kann, dass die Geldmenge nicht unkontrolliert vermehrt werden kann. Dazu gehört vor allem, dass die Akteure, die Einfluss auf die Steuerung der Geldmenge ausüben können, einen nachhaltigen Anreiz haben müssen, die Geldwertstabilität auch zu erreichen. Sie müssen ein Eigeninteresse an der Erreichung von Preisniveaustabilität entfalten.

2.1 Zentralbanken und Geldpolitik

Die Sicherung der Geldwertstabilität in analogen Währungssystemen ist kein Automatismus. Das Wettbewerbsprinzip kann auf die Geldschöpfung nicht angewendet werden. Die Sicherung der Geldwertstabilität muss durch eine institutionelle, personelle und instrumentelle Absicherung begleitet werden. Die Verantwortung für die Geldpolitik muss so ausgestaltet sein, dass es einen systemimmanenten Anreiz zur Wahrung der Stabilität gibt. Dabei haben sich

© Der/die Autor(en), exklusiv lizenziert durch Springer Fachmedien Wiesbaden GmbH, ein Teil von Springer Nature 2020
V. Tolkmitt und R. Wittrin, *Virtuelle Währungen und das Finanzsystem*, essentials, https://doi.org/10.1007/978-3-658-32522-0_2

fundamentale Elemente herauskristallisiert, die nicht nur theoretisch Preisnive-austabilität erzeugen, sondern auch praktisch sichern. Die stabilsten Währungs-systeme haben gemeinsame Gestaltungsmerkmale, die als Stabilitätsgaranten fungieren. Es muss eine zentrale Einrichtung geben, die allein dem obersten Ziel der Geldwertstabilität verpflichtet ist. Dazu gehört zudem die institutionelle und personelle Unabhängigkeit der Institution, deren alleiniges Recht Bankno-ten zu emittieren sowie ein frei verfügbares geldpolitisches Instrumentarium. Die geldpolitische Steuerung wiederum verlangt ein umfassendes Spektrum an volks-wirtschaftlichern Daten, Statistiken und ein außerordentliches Know How zum Finanzsystem, zum Geldschöpfungsprozess, zu gesamtwirtschaftlichen Zusam-menhängen und zu deren Wirkungsmechanismen. Erst die Kombination all dieser Parameter kann Preisniveaustabilität generieren und stetig sicherstellen. Es ist zumindest bisher kein dezentraler Mechanismus bekannt, der in vergleichba-rer und mindestens gleichwertiger Weise Geldpolitik betreiben könnte, wie eine unabhängige Zentralbank. Allerdings wird ein solcher adäquater, möglicherweise digitaler Mechanismus immer dann interessant, wenn die analogen Währungshü-ter ihrer Aufgabe, der Sicherung der Geldwertstabilität und der Stabilisierung des Finanzsystems nicht mehr hinreichend gerecht werden.

2.2   Preisniveaustabilität

Eine Marktwirtschaft wird durch die freie Preisbildung auf den Märkten koor-diniert. Dabei müssen die Preise stabil sein, um die Koordinationsfunktion wahrnehmen zu können. Diese Stabilität ist nicht direkt herstellbar, weil die Preise frei sind und nicht durch die „Hüter" der Währung festgelegt werden. Die Steuerung erfolgt dadurch, dass die geldpolitischen Entscheidungsträger die Geld-nachfrage schätzen müssen und das Geldangebot danach ausrichten. Dabei kann die Zentralbank, die diese Steuerung in analogen Währungssystemen übernimmt, auch das Geldangebot nur durch eine Impulsgebung beeinflussen. Sie muss also auch die Auswirkung des geldpolitischen Impulses möglichst gut einschätzen können. Das tatsächliche Geldangebot, das für die Bezahlung von Gütern und Leistungen zur Verfügung steht, wird durch die Kreditvergabe und die Nutzung des vorhandenen Geldes für Konsum statt Sparen determiniert. Das bedeutet, die Zentralbank (oder jede andere Steuerungsinstitution) müssen die zahlungswirk-same Geldmenge schätzen und den geldpolitischen Impuls daran anpassen. Die Sicherung der Geldwertstabilität ist eine komplexe Aufgabe, deren Umsetzung einen umfassenden ordnungspolitischen Rahmen, eine institutionelle Basis, ein geldpolitisches Instrumentarium und einen Handlungsspielraum für die Entscheidungsträger erfordert. Ein digitales Währungssystem muss alle diese Aufgaben mindestens in der gleichen Qualität erfüllen und darf dabei nicht teurer sein. Die physischen Produktionskosten von Papiergeld sind vernachlässigbar klein. Die Abwicklung des Zahlungsverkehrs der Banken und des Staates ist zu sehr niedrigen Transaktionskosten, sicher und schnell möglich, auch diese Leistung ist schwer von einem dezentralen Kryptonetzwerk zu übernehmen. Das Prinzip der Währungskonkurrenz kann auch für digitale Geldsysteme als ungeeignet klassifiziert werden. Zum einen gilt auch hier das Greshamsche Gesetz, dass das „schlechte Geld" das „gute Geld" verdrängt. Zum anderen ist in der Währungskonkurrenz die wichtige Funktion des Rechenmaßstabs nicht mehr gegeben. Es gibt kein Äquivalenzgut, in dem alle Transaktionen wertmäßig ausgedrückt werden können. In einer spezialisierten Volkswirtschaft mit zahllosen Transaktionen wird der Tausch durch mehrere Währungen intransparent und teuer.

2.3 Geldfunktionen

Geld ist das Tauschmittel in einer modernen, arbeitsteiligen und spezialisierten Wirtschaft. Wie weit die Rolle des Geldes reichen kann, beschreibt Dieter Schnaas eindrücklich: „Geld [kann] die Totalität eines Menschen aufwiegen [...] (Blutgeld, Sklaverei, Menschenschmuggel), [es kann] uns den problemlosen Zugriff auf fremde Körper erlaub[en] (Prostitution), [es kann] Pflichten kaufen, Überzeugungen ändern und Meinungen beeinflussen [...] (Bestechung, Wahlmanipulation, Stimmenkauf)" (Schnaas 2018, S. 47). Tatsächlich werden die menschlichen Wünsche und Bedürfnisse nur auf das Geld projiziert. Geld ist das Äquivalenzgut, mit dem man alle Güter und Leistungen bezahlen kann. Die reale Nachfrage und das reale Angebot werden mit Geld nur abgewickelt. Geld erfüllt bei der Realisierung dieser realen Markttransaktionen drei Funktionen (vgl. Moritz 2012, S. 5):

- Tausch- und Zahlungsmittelfunktion
- Wertaufbewahrungsfunktion
- Rechenfunktion

Die Funktion als Zahlungsmittel wird von vielen Autoren als besonders grundlegend eingestuft (vgl. Gebauer 2004, S. 23). Sie ermöglicht den Kauf eines beliebigen Gutes, ohne gleichzeitig ein anderes Gut verkaufen zu müssen. So werden für eine ganze Volkswirtschaft und auch für das Individuum hohe Informations- und

Transaktionskosten vermieden. Tauschvorgänge werden dadurch deutlich effizienter gestaltet. Für die Verwendung als Zwischentauschmittel eignet sich nicht jedes Medium, Effizienzkriterien können sein: Seltenheit, Haltbarkeit, Teilbarkeit, Fälschungssicherheit oder auch adäquate Herstellkosten (vgl. Moritz 2012, S. 6–7).

Die Zulassung als gesetzliches Zahlungsmittel ist für die Zahlungsfunktion eine wichtige Voraussetzung. Digitales Geld ist in Deutschland kein gesetzliches Zahlungsmittel, könnte sich jedoch im Wettbewerb bei den Nutzern durchsetzen. Die Nutzung von Kryptowährungen als Zahlungsmittel in der digitalen Welt, in der das gesetzliche Zahlungsmittel eine untergeordnete Rolle spielt, kann zu einer Etablierung einzelner Digitalwährungen führen. Dem steht aber die hohe Zahl von Digital Token und die jeweils auf dezentrale Netzwerke beschränkte Verwendung entgegen. Zudem kommt eine sehr eingeschränkte Akzeptanz im digitalen Netz als noch mehr in der analogen Welt. Digitales Geld muss auf Börsen in reales Geld getauscht werden, weil eine Bezahlung von Gütern und Leistungen kaum möglich ist. Eine hohe Akzeptanz als Tauschmittel ist entscheidend für die Wirksamkeit der Zahlungsmittelfunktion. Muss der Benutzer erst großen Aufwand betreiben um Akzeptanten seiner Geldform ausfindig zu machen, wird es schwierig. Für gesetzliche Zahlungsmittel ist die Akzeptanz formal gegeben, weil jeder Wirtschaftsakteur das Zahlungsmittel als Gegenleistung annehmen muss. Faktisch kann die Zahlungsmittelfunktion eingeschränkt sein, wenn die anderen Geldfunktionen nicht erfüllt sind. Die ausschließliche Betrachtung der Tausch- und Zahlungsmittelfunktion würde zu einer sehr engen Auslegung führen.

Eine wichtige Eigenschaft besteht in der *Funktion als Wertaufbewahrungsmittel*. Diese ermöglicht „die Übertragung der Kaufkraft von der Gegenwart in die Zukunft. [Es] wird das zeitliche Auseinanderfallen von Kauf und Verkauf realisierbar" (Moritz 2012, S. 7). Als Kriterium für die Wertbeständigkeit kann die Volatilität der Kursverläufe von Währungen herangezogen werden. Als weiterer Stabilisator des Wertes von Geld kann die Marktkapitalisierung, also der Gesamtwert der zirkulierenden Geldmenge, dienen. Wäre dieser Wert sehr hoch, kann nach dem Prinzip „to big to fail" davon ausgegangen werden, dass diese Geldform in absehbarer Zeit bestehen bleibt. Die Eignung von Geld als Wertaufbewahrungsmittel ist nur gegeben, wenn Geldwertstabilität besteht. Die Erfüllung dieser Geldfunktion wird damit wesentlich von der Geldpolitik und der dafür zuständigen Instanz bestimmt. Marktakteure werden Zahlungsmittel akzeptieren und verwenden, wenn sie wertstabil sind.

Der Einsatz eines Zwischentauschmittels ermöglicht, dass der Wert von Gütern in einem einzigen Wertmaßstab ausgedrückt werden kann. So werden Werte unterschiedlicher Produkte- und Dienstleistungen vergleichbar und addierbar. Das ist

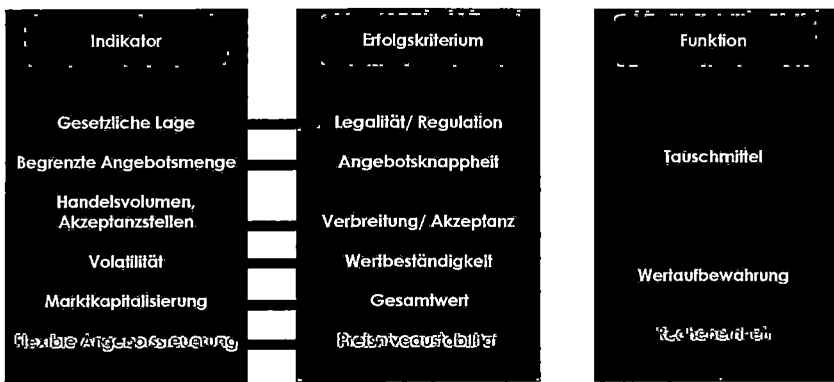

Abb. 2.1 Funktionen, Erfolgskriterien und deren Indikatoren von Geld. (Quelle: eigene Darstellung)

Ergebnis der Rechenfunktion des Geldes. Ein Geld, das wertstabil ist und einziges akzeptiertes Zahlungsmittel wirkt quasi als „Urmeter" für die Abwicklung von Tauschprozessen in einer Wirtschaft. Diese Funktion wird in der Potenzialanalyse nicht berücksichtigt. Abb. 2.1 fasst die beschriebenen Funktionen, Erfolgskriterien und deren Indikatoren zusammen.

Im Jahr 1998 arbeitete erstmals Nick Szabo an einer dezentralisierten digitalen Währung in Verbindung mit der Blockchain (vgl. Sixt 2017, S. 7). Diese Währung nannte er „Bit-Gold". Die älteste und noch immer bekannteste Kryptowährung, welche in einem verteilten Datenbanksystem arbeitet, ist der „Bitcoin". Der Aufsatz zu einem elektronischen und dezentralen Geldsystem von Satoshi Nakamoto aus dem Jahr 2009 gilt als der Durchbruch der Blockchain Technologie (vgl. Nakamoto 2009; vgl. Platzer 2014, S. 12). Zu den führenden virtuellen Verrechnungseinheiten sind Bitcoin, Ripple und Tether (vgl. coinmarketcap 2019) zu zählen. Insgesamt existieren gegenwärtig ca. 1900 Kunstwährungen (vgl. EZB 2019, S. 12; 2015 noch ca. 500; vgl. EZB 2015, S. 9).

3.1 Anforderungen an Eigenschaften virtueller Geldsysteme

Der Zulassung als „Arzt" stehen in Deutschland eine Vielzahl an Anerkennungen und Qualifizierungsmaßnahmen zuvor. Der Kompetenznachweis ist unablässig. So müssen auch virtuelle Währungen gewisse qualifizierende Eigenschaften und Anerkennungen innehaben, um als Geld und Zahlungsmittel gelten zu können. Die nötigen Anforderungen leiten sich aus den drei Geldfunktionen ab. Wollen virtuelle Währungen als seriöse Konkurrenz zum etablierten Geldsystem gelten, müssen sie ihre Funktion als Tauschmittel, Wertaufbewahrungsmittel und Recheneinheit mindestens genauso gut erfüllen, wie Euro, Dollar oder Pfund. Sie werden daran gemessen, ob sie als Tauschmittel genutzt und akzeptiert, als Rechenmaßstab verwendet werden und als Wertaufbewahrungsmittel Vermögen bilden können.

21

V. Tolkmitt und R. Wittrin, *Virtuelle Währungen und das Finanzsystem*, essentials, https://doi.org/10.1007/978-3-658-32522-0_3

3.1.1   Anforderung Nummer 1: Tausch- und Zahlungsmittel

Wollen Digital Coins als Zahlungsmittel akzeptiert und anerkannt werden, geht der Weg an den zuständigen Aufsichtsbehörden nicht vorbei. Nur diese haben die Entscheidungshoheit über die rechtliche Anerkennung von Währungen. Abseits regulatorischer Rahmenbedingungen gestaltet sich ein Markteinstieg in der Breite als problematisch. Ein grundlegender Faktor für den Erfolg von Geld ist daher die regulatorische Lage. Im Vertrag über die Arbeitsweise der Europäischen Union ist im Kapitel Währungspolitik geregelt, dass die Europäische Zentralbank das ausschließliche Recht auf Emission von Euro-Banknoten hat. Zudem wurde festgehalten, dass der Euro in der Union als einziges gesetzliches Zahlungsmittel gilt (vgl. AEUV, Art. 128 [1]). Nicht nur diese Festlegungen sind entscheidend für den gesamten Währungsmarkt der Eurozone. Weiterhin lässt sich schlussfolgern, dass damit Euronoten, Forderungen gegenüber den Mitgliedsländern darstellen. Diese Konstellation repräsentiert die Euro-Mitgliedsstaaten als Garanten der Währung. Die Mitgliedsstaaten haften also für ihre Währung und geben damit dem Euro einen entscheidenden Vertrauensvorsprung gegenüber virtuellen Währungen. Denn welche Instanz garantiert hier den vollen Funktionsumfang als Tausch- und Zahlungsmittel? Werden die verwendeten Digital Coins nicht mehr akzeptiert oder es kommt zu einem exorbitanten Wertverfall wird die betreffende Personengruppe keine Verantwortungsträger im dezentral organisierten Netzwerk finden, welche haftbar gemacht werden könnten. Krypto-Enthusiasten halten dagegen, dass sie aufgrund von Missmanagement und daraus folgenden (Finanz-)krisen lieber dem der Blockchain zugrunde liegenden mathematischen Code vertrauen, als staatlichen Behörden und Kreditinstituten. So wird der staatliche Emittent und Währungshüter mit einer Vielzahl von angebrachten sowie unangebrachten Äußerungen der Kritik konfrontiert. Auch wenn dieses Lied nicht allein von der Peergroup der Krypto Szene gesungen wird, sondern gern auch am Stammtisch des gemeinen Bürgers, schenkt dieser „wenn es um´s Geld geht" dann doch lieber der staatlichen Aufsichtsbehörde und damit dem etablierten Geldsystem sein Vertrauen.

Eine Währung kann weiterhin nur als Tauschmittel fungieren, wenn sie von den Teilnehmern im Wirtschaftskreislauf akzeptiert wird. In den Artikeln 10 und 11 der Euro-Einführungsverordnung wird diese Akzeptanz sogar gesetzlich vorgeschrieben, es existiert damit ein Annahmezwang von Euro-Bargeld (vgl. Müller 2016, S. 2). Diese regulatorische Konstellation positioniert die „Spielregeln" im Währungswettbewerb eindeutig aufseiten der gesetzlichen Währung. Damit muss der Digital Coin als Währung mit anderen Eigenschaften punkten, die der

Anwender im Kontext der Tausch- und Zahlungsmittelfunktion als vorteilhafter gegenüber der gesetzlichen Währung einstufen könnte.

Der Vertrauensvorsprung könnte aufgeholt werden, wenn Kryptogeld als Tauschmittel schnellere Abwicklung bzw. Zahlung bei jeder Verwendung ermöglicht. Ausgewählte digitale Token erfüllen dies in ihren jeweiligen Netzwerken. Derzeit könnten diese Netzwerke große Volumina, die in analogen Währungen permanent getauscht werden nicht abwickeln. Darüber hinaus eignet sich Geld nur dann als Tauschmittel, wenn es auch wertstabil ist. Der Joghurtbecher im Supermarktregal sollte morgen nicht das Doppelte des heutigen Preises kosten, übermorgen nur noch die Hälfte und nächste Woche dann wieder ein Vielfaches des Originalpreises. Eine solche Volatilität einer Währung würde der Anforderung eines sicheren Tausch- und Zahlungsmittels nicht gerecht. In der nachfolgenden Untersuchung wurden sehr hohe Wertschwankungen der betrachteten Digital Coins festgestellt, auch wenn die durchschnittliche Volatilität im ersten Betrachtungszeitraum 2017/2018 zum Betrachtungszeitraum 2018/2019 stark gesunken ist. Mit einer durchschnittlichen Volatilität von über 30 % (siehe nachfolgende Kapitel) ist aber noch kein zuverlässiger Tausch zu kalkulierbaren Preisen gegeben. Eine nähere Beschreibung dazu sowie eine Analyse der Ursachen ist in den nachfolgenden Kapiteln zu finden.

Die begrenzte Angebotsmenge von vielen Kryptowährungen wird oft als Argument für die Eignung als Zahlungsmittel angegeben. Die Menge aller Einheiten bei Kryptowährungen ist von Beginn an festgelegt, Änderungen und Manipulationen sind im Protokoll der Blockchain technisch kaum möglich. Erhöhungen der Geldmenge, wie z. B. durch das Ausgeben von Staatsanleihen und die damit verbundenen Risiken und Vertrauensverluste können so ausgeschlossen werden. Demgegenüber steht, dass eine starre Geldmenge oder deren algorithmisch vorgegebene Entwicklung einer dynamischen Umwelt nicht angepasst werden können und so ein stabiler Geldwert nicht sichergestellt werden kann (vgl. Thiele und Diehl 2017, S. 5). Außerdem erzeugt die alleinige Begrenzung der Angebotsmenge noch keine „Knappheit", erst mit entsprechender Nachfrage wird diese generiert.

Damit eine solche Nachfrage von Verbrauchern erzeugt werden kann, ist die Akzeptanz und Verbreitung virtueller Währungen im stationären sowie im Online-Handel Voraussetzung. Aber wie viele Kaufleute akzeptieren überhaupt Kryptowährungen als Bezahlung? Aufgrund einer schwierigen Quellenlage ist diese Frage nicht leicht zu beantworten und wäre damit der Fall einer neuen Erhebung. Unter einigen unseriösen Quellen konnte aber BTC Echo mit einer Akzeptanzstellenliste aufwarten, aus der eine zwar nicht belastbare aber annähernde Schätzung der Anzahl an Akzeptanzstellen abzuleiten ist. Diese wurden

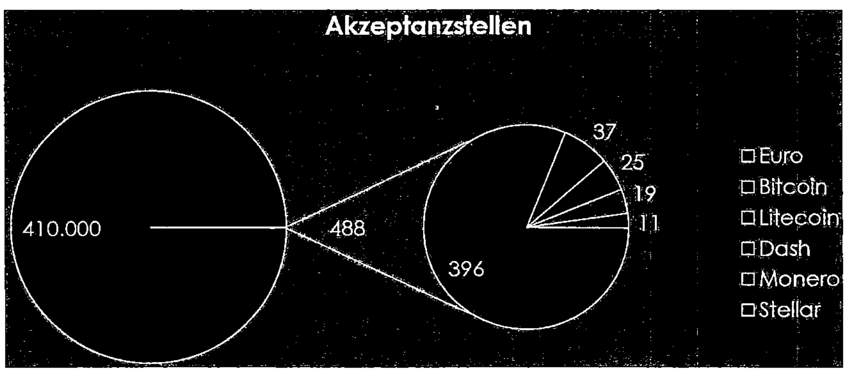

Abb. 3.1   Akzeptanzstellen in Deutschland. (Quelle: Eigene Darstellung)

mit der Anzahl von Filialen im stationären Einzelhandel verglichen. Abb. 3.1 stellt die eindeutige Situation in Deutschland dar.

Nimmt man die Zahlen des deutschen Handelsverbandes und der BTC-Echo Akzeptanzstellenliste als Berechnungsgrundlage (Quellen und kritische Prüfung vgl. Abschn. 3.1) nehmen lediglich 488 (0,12 %) der Läden in Deutschland Kryptowährungen an. Diese geringe Anzahl ist Ausdruck der fehlenden Verbindung zwischen virtueller Welt und realer Wirtschaft.

Als zweiter Indikator für die Akzeptanz und Verbreitung von virtuellen Währungen wurde das durchschnittliche tägliche Handelsvolumen an Börsenhandelsplätzen herangezogen. Erstaunlicherweise klettern hier manche Kryptowährungen auf hohen Gipfeln, teilweise bei börsentäglichen Umsätzen im Milliardenbereich. Verglichen mit dem Euro-Devisenhandel von über 1,5 Billionen € täglich, schrumpfen diese Handelsvolumina aber wieder auf kleine Prozentbeträge zusammen. Dieser Vergleich bezieht sich auf Umsätze im Devisengeschäft oder Volumina von Kryptobörsen, die einen hohen Anteil von Spekulationsgeschäften aufweisen und damit wenig die Verhältnisse der realwirtschaftlich verankerten Transaktionen repräsentieren. Trotzdem wird anhand dieser Zahlen die hohe Differenz der erzielten Umsätze gezeigt. Einen genaueren Einblick in die reale Lage könnte man durch Analyse der Transaktionen innerhalb der Blockchain erhalten. Als realwirtschaftliche Vergleichszahlen wären z. B. das BIP oder SWIFT-Transaktionsdaten denkbar.

3.1.2 Anforderung Nummer 2: Wertaufbewahrungsmittel

Dieses Funktionsspektrum des Geldes beantwortet die Frage: Was passiert mit meinem Geld in der Hosentasche, unter dem Kopfkissen, auf dem Bankkonto oder im „Kryptowallet" zwischen den Kauf- und Verkaufsvorgängen, also wenn es „liegt." Im Idealfall sollte es den ursprünglichen Wert beibehalten und zwar über lange Zeiträume hinweg – nur so wird eine solide Kalkulationsgrundlage und damit Vertrauen gegenüber dem verwendeten Geld erzeugt. Differiert der Wert des Geldes kommt es zu Verlierern und Gewinnern der jeweiligen Situation. So erwarben beispielsweise manche Spekulanten große Mengen Token an Bitcoin noch vor den exorbitanten Kurssprüngen zum Jahreswechsel 2017/2018 und wurden Multimillionäre aufgrund dieser Kursexplosion im vierstelligen Prozentbereich. Andere wiederum verloren aufgrund von immensen Kurseinbrüchen viel Geld. Solche Kursverläufe können für Spekulanten interessant sein, doch eine stabile Wertaufbewahrungsfunktion dieser Währungen ist nicht gegeben. Wertschwankungen, die sich in Volatilitäten von teilweise über 100 % ausdrücken, zeigen, dass Kryptowährungen als Wertaufbewahrungsmittel ungeeignet sind. Somit kann die Zeitdifferenz zwischen Kauf und Verkauf von Gütern nicht gesichert überbrückt werden. Diese Überbrückung ist aber für Zahlungsmittel wesentlich. Als Wertanlage sind sie nur geeignet, wenn die Überbrückung zwischen Kauf- und Verkaufszeitpunkt stabil funktioniert und dabei bestenfalls eine wettbewerbsfähige Rendite erzielbar ist. Die Quelle einer real begründbaren Rendite ist zurzeit aber nicht erkennbar und Wertstabilität ist nicht gegeben. Ausnahmen, mit sehr niedrigen Kursschwankungen sind sogenannte „Stable Coins" wie z. B. Tether. Diese sind an den Kurs einer Fremdwährung angekoppelt und spiegeln deren Kursverlauf. Das setzt die Volatilität auf ein gewöhnliches, akzeptables Maß herab und birgt somit mehr Potenzial für die Verwendung als Zahlungsmittel. Dieser Lösungsversuch zeigt aber auch: Ohne die Kopplung an eine analoge Währung entsprechen derzeit Digital Coins im Kontext der Wertaufbewahrungsfunktion nicht den Anforderungen und sind bestenfalls als Spekulationsobjekte zu verwenden.

Ein anderer Aspekt der Wertsicherheit ist der Gesamtwert einer Geldform. Die Marktkapitalisierung mancher Kryptowährungen liegt im mehrstelligen Milliardenbereich, z. B. Bitcoin mit ca. 166 Mrd. US-$ (vgl. coinmarketcap Bitcoin BTC Historical Data). Solche Werte können suggerieren: „Too big to fail". Doch anders als bei Industrieunternehmen hängen an Kryptowährungen kaum Arbeitsplätze oder anderer volkswirtschaftlicher Nutzen. Trotzdem zeugt ein hoher Gesamtwert von Vertrauen der Anleger, auch wenn es nur von spekulativer Natur wäre.

3.1.3 Anforderung Nummer 3: Recheneinheit

Die Funktion der Recheneinheit und der Wertaufbewahrung liegen eng beieinander. Denn beide setzen eine seriöse und stabile Wertbasis voraus. Eine Recheneinheit sollte ein fest kalkulierbares Maß darstellen, um Vergleiche und andere Rechnungen durchführen zu können. Aufgrund der schon besprochenen Volatilität sind die meisten Kryptowährungen somit nicht geeignet, einen sicheren Wertmaßstab für Produkte oder Dienstleistungen gewährleisten zu können. Auch der praktische Blick auf Kursverläufe oder in den Supermarkt zeigt, dass Kurspreise oder Güterpreise grundsätzlich in den etablierten Währungen wie Euro oder Dollar angegeben werden und nicht in Bitcoin.

Ein Beispiel aus dem Gebrauchtwagenportal „mobile.de" (vgl. Abb. 3.2, vgl. Abb. 3.3) zeigt deutlich, dass die Funktion der Recheneinheit nicht erfüllt ist. Der Anbieter würde zwar laut eigener Aussage Bitcoin als Zahlungsmittel akzeptieren,

Abb. 3.2 Bitcoin im Gebrauchtwagenhandel (1). (Quelle: Mobile.de 2018)

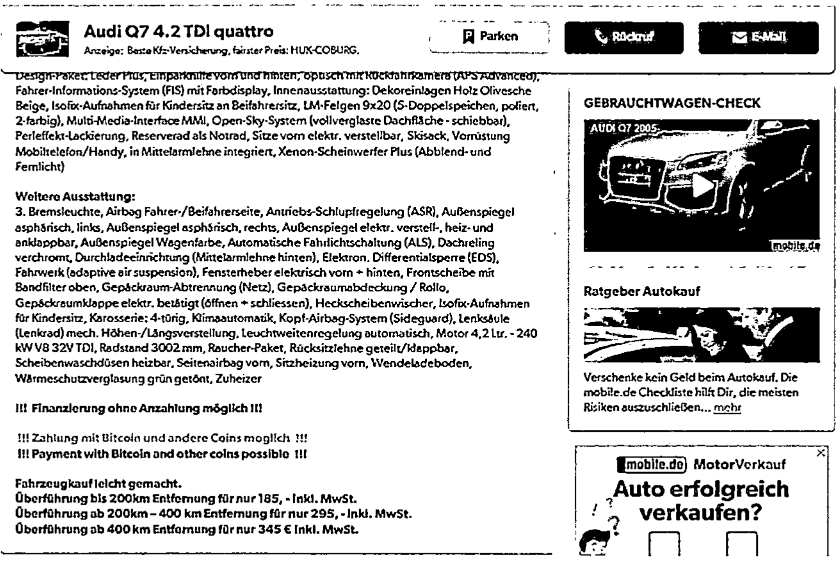

Abb. 3.3 Bitcoin im Gebrauchtwagenhandel (2). (Quelle: Mobile.de 2018)

doch der Wert des Gebrauchtwagens ist in Euro angegeben. Würde der Anbieter den Bitcoin-Preis angeben, müsste er entweder den Preis variabel an die Kursschwankungen anpassen, oder er würde sein Auto unter Umständen (weit) unter dem eigentlichen Wert verkaufen. Eine sichere Kalkulation des Preises in Bitcoin ist damit fast unmöglich.

3.2 Währungswettbewerb: Euro versus Digital Coin

Friedrich August von Hayek forderte den freien Währungswettbewerb. In der folgenden Analyse soll dieser „auf dem Papier" simuliert und modellhaft dargestellt werden.

3.2.1 Gegenüberstellung der Währungssysteme

Mannschaften treffen auf dem Fußballfeld zusammen, Kämpfer im Boxring und Währungen begegnen sich auf dem Markt. Im Sport sind Eigenschaften wie Schnelligkeit, Kraft oder Ausdauer ausschlaggebend. Im hier simulierten Währungswettbewerb/Vergleich wurden die in Abschn. 2.2 und 3.1 schon besprochenen Anforderungen an Geld als Erfolgskriterien herangezogen. Neben dem Euro kamen auf Coinmarketcap gelistete Token in die Auswahl, welche dann einer inhaltlichen sowie wertmäßigen Eingrenzung unterlagen. Verwendet wurden nur sogenannte Payment-Token, deren „Use Case" die Verwendung als Zahlungsmittel ist. Davon kamen, gemessen an der Marktkapitalisierung im ersten Betrachtungszeitraum, die zehn Größten in die Auswahl. Die Werte der Erfolgskriterien leiten sich aus den Daten der im vorangegangenen Kapitel besprochenen Anforderungen ab und sind in den dunkelblauen Spalten abgebildet. Die Datenerfassung erfolgte über zwei Jahre und elf Monate vom 01.01.2017 bis 01.11.2019. Der Betrachtungszeitraum wurde in zwei Abschnitte unterteilt, um die Entwicklung 2017/2018 zu 2018/2019 darstellen zu können. Die unten abgebildete Tabelle bildet den letzteren Zeitabschnitt zwischen dem 01.08.2018 und 01.11.2019 ab. Die Marktentwicklung, ausgehend vom ersten Betrachtungszeitraum, ist in Abschn. 3.2.3 dargestellt.

Die hellblauen Spalten der Ranking-Tabelle (vgl. Abb. 3.4) errechnen sich mittels der Bildung von Zielwerten, um die Daten vergleichbar zu machen. Der höchste Wert einer Spalte, also eines Erfolgskriteriums, wurde auf 100 Punkte gesetzt. Die anderen ergeben sich dann aus dem Verhältnis zu diesem höchsten Wert. Aus der Summe dieser Werte lässt sich ein Ranking ableiten. Dabei erzielte der Euro die höchste Gesamtpunktzahl. Um das relative Potenzial der Kryptowährungen gegenüber dem Euro darzustellen, wurde die Gesamtpunktzahl der jeweiligen virtuellen Währungen im Verhältnis zum Euro errechnet.

*Die Zahlen der ersten beiden Indikatoren stellen eine Bewertung dar. Die Regulation ist mit „0" (gesetzlich verboten), „1"(legal) und „2"(von staatlichen Instituten akzeptiert) bewertet. Die Begrenzung der Angebotsmenge mit „0"(unendlich), „1"(variabel) und „2" (begrenzt) bewertet.

**Die Akzeptanzstellen des Euro repräsentieren alle stationären Geschäfte in Deutschland, die der deutsche Handelsverband gelistet hat (vgl. Handelsverband Deutschland 2018). Die Anzahl der anderen Akzeptanzstellen wurde einer Liste von BTC-Echo entnommen und gilt vorwiegend für den deutschsprachigen Raum (vgl. BTC Echo 2019). Da die Aktualität und Vollständigkeit dieser Daten nicht gewährleistet ist, werden diese nur als Anhaltspunkt in die Tabelle aufgenommen, aber nicht für die weiterführende Rechnung verwendet. Die Erhebung seriöser Daten bezüglich der Anzahl von Akzeptanzstellen für Kryptowährungen würde eine genauere Analyse ermöglichen.

***Das Euro-Handelsvolumen spiegelt den durchschnittlichen täglichen Devisenhandelsumsatz im April 2019 wider, welcher im „Triennial Central Bank

Wert- und Ergebnistabelle sortiert nach relativem Potenzial (01.08.2018 – 01.11.2019)

Erfolgs-krite	Regulation	Angebots-knappheit	Akzeptanz	Akzeptanz	Wertbeständigkeit	Gesamtwert	Summe	relatives Potenzial (Summe Kryptow./Summe)
Inidkator	gesetzliche L	Begrenzung d	Akzeptanz-stellen	Handelsvolumen in USD***	relative Standard-abweichung***	Marktkapitalisierung in USD****	Summe	Summe [Euro]
Euro	100	50	-	100,00	100,00	100	450	1
Tether	50	100	-	0,5524	64,92	0,000	214,9654	0,4777009
Ripple	50	100	-	0,0477	7,61	0,001	157,6587	0,3503527
Monero	50	100	-	0,0033	5,18	0,000	155,1809	0,3448465
Bitcoin	50	100	-	0,5669	4,30	0,008	154,877	0,3441712
Dash	50	100	-	0,0110	4,56	0,000	154,5726	0,3434946
Bitcoin Gold	50	100	-	0,0006	4,27	0,000	154,2662	0,3428138
Litecoin	50	100	-	0,0907	3,93	0,000	154,021	0,3422688
Zcash	50	100	-	0,0097	3,56	0,000	153,5693	0,3412652
Bitcoin Cash	50	100	-	0,0488	3,41	0,000	153,4612	0,3410248
Stellar	50	100	-	0,0086	3,35	0,000	153,3558	0,3407907

Abb. 3.4 Finalergebnistabelle. (Quelle: Eigene Darstellung)

Survey" durch die „Bank for International Settlements" (vgl. Bank for International Settlements 2019, S. 11) ermittelt wurde. Devisengeschäfte haben teilweise spekulativen Charakter und wenig Berührungspunkte mit der Realwirtschaft. Damit ähneln sie den Handelsgeschäften mit Kryptowährungen und wurden deswegen zum Vergleich herangezogen. Die Handelsvolumina der Kryptowährungen wurden aus dem Durchschnitt der täglichen Umsätze im Betrachtungszeitraum August 2018 bis November 2019 gebildet. Diese veröffentlicht Coinmarketcap anhand der Umsätze ausgewählter Krypto-Börsen (vgl. coinmarketcap 2019). Die Zahl derer ist in den vergangenen Monaten stark angestiegen. Derzeit sind es mehr als 1500 Marktplätze. Manchen dieser Börsen wird sogenanntes „Wash-Trading" vorgeworfen, mittels dessen man versucht das Handelsvolumen künstlich aufzublähen. Coinmarketcap versucht solche Betrugsfälle auszuschließen, doch laut einem Bericht des „Blockchain Transparency Institute" (BTI) scheint dies nicht in jedem Fall zu gelingen (vgl. Klee 2018). Trotzdem stellt diese Datenbasis von Coinmarketcap eine belastbare Quelle dar.

****Die Volatilität von Kryptowährungen und Euro wurde anhand der relativen Standardabweichung ermittelt. Datengrundlage sind die Kursverläufe von August 2018 bis November 2019. Eine Besonderheit stellt die Volatilität von Tether dar. Da dieser an den Dollar gekoppelt ist und alle anderen Kursverläufe immer zum Dollar angegeben sind, hätte Tether theoretisch eine Volatilität gleich null. Praktisch ist der Kurs trotz der Kopplung um durchschnittlich 0,9 % vom Dollarkurs abgewichen. Dieser Betrag wurde nun mit der durchschnittlichen Standardabweichung des Dollar zu Euro (1,6 %) im gleichen Zeitraum addiert, um eine ausgeglichene Vergleichsgrundlage zu schaffen.

*****Die Marktkapitalisierungswerte der Kryptowährungen wurden ebenfalls aus Angaben von coinmarketcap entnommen und repräsentieren die jeweiligen Durchschnittswerte im Betrachtungszeitraum (vgl. coinmarketcap 2019). Als Indiz für die Marktkapitalisierung des Euro dient die von der Europäischen Zentralbank ermittelte Geldmenge M3 (vgl. EZB 2019, S. 5). Diese wurde in Dollar zum Kurs vom 1. August 2019 umgerechnet.

3.2.2 Auswertung des Vergleichs und Betrachtung der Top 10

Anhand des errechneten Potenzials ergeben sich drei Stufen auf dem „Siegerpodest", denen die konkurrierenden Währungen zugeordnet werden können.

Auf der untersten Stufe stehen acht Kryptowährungen mit einem relativen Potenzial zwischen 34 und 35 %. Der Grund für das ähnliche Potenzial dieser

Digital Coins liegt in der extrem hohen Wertdifferenz zwischen Kryptowährungen (Millionen/Milliardenbereich) und Euro (Billionenebene) in den Segmenten Handelsvolumen und Marktkapitalisierung. Da die Werte immer relativ zum Euro (relatives Potenzial) errechnet werden, kann ist eine Positionierung in der Punktebewertung für Kryptogeld teilweise nur nach der dritten Kommastelle möglich und damit praktisch unbedeutend.

Die einzige Differenzierungsmöglichkeit liegt im Bereich der Volatilität, weil die Spannbreite der Werte hier nur zwischen 2 % und knapp 50 % liegt. Diese Folge der Vergleichsmethode kann zur Diskussion gestellt werden und durch Maßnahmen, wie z. B. den Grenznutzen verfeinert werden. Die Herausnahme des Euro aus dem Vergleich, um die extremen Wertunterschiede aufzuheben und damit Positionierungsmöglichkeiten in allen Bereichen zu schaffen, wurde schon durchgeführt und hat zu einer Neuordnung geführt. Bitcoin erreicht hier das höchste Potenzial, gefolgt von Tether und Ripple.

Auf die zweite Ebene des „Siegerpodests" steigt mit knapp 50 % der Stable Coin Tether. Dieses höchste Potenzial von den untersuchten Kryptowährungen wurde durch die mit Abstand geringste Volatilität erreicht. Neben der geringen Schwankungsbreite wird dieser Digital Coin vermehrt gehandelt. Nach Bitcoin ist Tether die am meisten gehandelte Kryptowährung. Im ersten Betrachtungszeitraum 2017/2018 wurden Coins im Wert von ca. 1,2 Mrd. US-$ gehandelt, 2018/2019 dann schon im Wert von knapp 11,8 Mrd. US-$.

Das Handelsvolumen vieler anderer Kryptowährungen stieg zwar auch, doch liegen diese mit ihren Kursschwankungen von 20 bis 50 % außerhalb des Akzeptanzbereiches für eine allgemeine Verwendung im Zahlungsverkehr. Nur Tether hat durch die technische Kopplung an den US-DOLLAR-Kurs eine tragfähige Stabilität erreicht und zeigt somit, zumindest anhand dieser Analyse einen möglichen Weg zu einer breiteren Anwendung. Trotzdem zweifeln manche Fachleute, ungeachtet des Erfolgs von Stable Coins an deren langfristiger Etablierung und sehen diese als Eingeständnis der eigenen Hilflosigkeit. Denn ohne Anbindung an etablierte Währungen würden aus Stable Coins vermutlich „Fragile Coins".

Dass der Euro den ersten Platz im Vergleich einnimmt, war abzusehen. Die flächendeckende realwirtschaftliche Integration des Eurosystems sowie die regulatorisch günstige Einbettung weist die Angreifer aus dem Krypto-Sektor eindeutig in die Schranken. Die Aufsichtsbehörden bestimmen weitestgehend die Spielregeln des Währungswettbewerbs im Euroraum und legen so der Etablierung alternativer Währungen entscheidende Hindernisse in den Weg. Die Analyse zeigt nur eine potenzielle Schwachstelle: Die variable Menge des Angebots. Diese ist für eine funktionierende Geldpolitik zwar nützlich, doch infolge von Missbrauch können Geldwert und Vertrauen in die Notenbanken erschüttert werden. Doch der simulierte Währungswettbewerb zeigt die eigentliche Situation: In den Bereichen der Marktkapitalisierung oder des Handelsvolumens werden kleine Fortschritte entgegen der Marktmacht des Euro einen Tropfen auf dem heißen Stein darstellen. Zudem wäre die Eignung als allgemeines Zahlungsmittel und damit deren Potenzial noch immer nicht gegeben, aufgrund der ausufernden Volatilität. Und damit werden laut der aktuellen Datenlage herkömmliche Kryptowährungen auch in naher Zukunft im Euroraum eine Randerscheinung bleiben.

Im Rückblick auf den ersten Betrachtungszeitraum, kam es zu folgenden Verschiebungen innerhalb der Top 10 der Digital Coins. Die Wertung orientiert sich an den Werten der Marktkapitalisierung. Es werden alle Coins der Top 10 aus dem ersten Betrachtungszeitraum sowie die „Neueinsteiger" 2019 betrachtet (Abb. 3.5).

3.2.3   Marktstabilisierung im Kryptosektor?

Auch wenn der Blick auf die Rankingtabelle in Abschn. 3.2.1 zeigt, dass derzeit Kryptowährungen in der Gegenüberstellung zum Euro wenig bis kein Zahlungsmittelpotenzial haben, so indiziert der Zeitvergleich zum ersten Betrachtungszeitraum (01.01.2017–01.08.2018) entscheidende Entwicklungen. Diese Entwicklungen zeigen leise Anzeichen der Tendenz einer Marktstabilisierung auf, auch wenn die Interpretation der Kennzahlen zweideutig bleibt.

Zwei mögliche Hinweise einer Marktstabilisierung können aus Bereichen der Wertstabilität (Volatilität) und der Akzeptanz (Handelsvolumen) entnommen werden.

3.2.3.1 Rückgang der Volatilität

Eines der entscheidendsten Hindernisse auf dem Weg der Kryptowährungen zum allgemein akzeptierten Zahlungsmittel ist deren unberechenbar hohe Kursschwankung. Das liegt zum einen an der Spekulationsintention vieler Anleger, zum anderen ist diese aber auch technisch bedingt durch die fixe Menge an ausgegebenen Coins. So kann keine „Geldmengenpolitik" zur Kursstabilisierung erfolgen. Durch die im Vergleich zum Euro geringe Anzahl an Einheiten (bspw. Bitcoin mit 21 Mio. Coins; vgl. coinmarketcap 2019) ist die Wahrscheinlichkeit höher, dass von den zur Verfügung stehenden Einheiten ein hoher Prozentsatz aktiv gehandelt wird. Die so entstehende höhere Umschlagshäufigkeit führt zu erhöhten Kursschwankungen, da keine großen Mengen im Hintergrund „passiv" gehalten werden und den Kurs so stabilisieren könnten. Trotzdem ist ein signifikanter Rückgang zwischen den beiden Betrachtungszeiträumen zu verzeichnen. Digital

Marktkapitalisierung 2019 in €Mio. (Stand: 1. November 2019)

1	⟷	0	Bitcoin	185.941
2	⟷	0	Ripple	14.098
3	⟷	0	Bitcoin Cash	5.859
4	↑	2	Tether	4.595
5	↓	(1)	Litecoin	4.150
6	↑	▪	Binance Coin	3.469
7	↑	▪	Bitcoin SV	2.612
8	↓	(4)	Stellar	1.547
9	↓	(2)	Monero	1.172
10	↑	▪	UNUS SED LEO	1.106
-	↑	▪	Huobi Token	1.066
...	...	...	...	...
-	↓	( )	Dash	733
-	↓	( )	Zcash	327
-	↓	( )	Bitcoin Gold	158

Abb. 3.5 Fußballtabelle. (Quelle: Eigene Darstellung)

Coins, die 2017/2018 noch durchschnittliche Volatilitäten von über 100 % hatten, so z. B. Ripple konnten die Schwankungen deutlich beruhigen. In Abb. 3.6 sind beispielhaft Entwicklungen aufgezeigt.

Diese Entwicklung lässt sich nicht nur auf einzelne Währungen zurückführen, auch der Durchschnitt der Volatilität aller in der Analyse betrachteten Digital Coins ging stark zurück (vgl. Abb. 3.7).

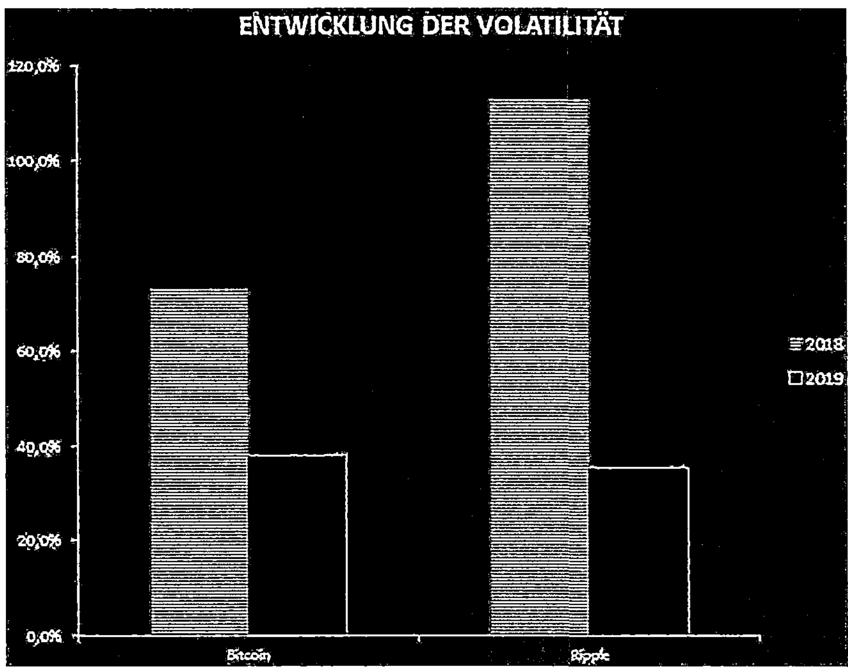

Abb. 3.6   Entwicklung der Volatilität. (Quelle: Eigene Darstellung)

3.2.3.2 Anstieg des Handelsvolumens

Ein Anstieg des Handelsvolumens ist kein eindeutiger Indikator für eine Marktstabilisierung, er kann auch durch Verunsicherung und damit einhergehende
kurzfristig motivierte Verkaufs- und Kauftransaktionen verursacht sein. Auf der
anderen Seite kann der Anstieg des Handelsvolumens eine erhöhte Akzeptanz
bedeuten, mehr Anwender, die von den Vorteilen der Kunstwährungen überzeugt
sind und diese nutzen. Auch wenn die Nutzung mit hoher Wahrscheinlichkeit
von der Realwirtschaft noch abgekoppelt ist, indizieren Umsätze an den Krypto-
Börsen Tendenzen einer erhöhten Akzeptanz. Abb. 3.8 zeigt exemplarisch den
signifikanten Zuwachs von Tether und Bitcoin (Abb. 3.9).

Auch die anderen betrachteten Coins wurden mit erhöhten Volumina gehandelt, im Schnitt wuchs das Handelsvolumen der betrachteten Coins um knapp
150 % (siehe Abb. 3.9).

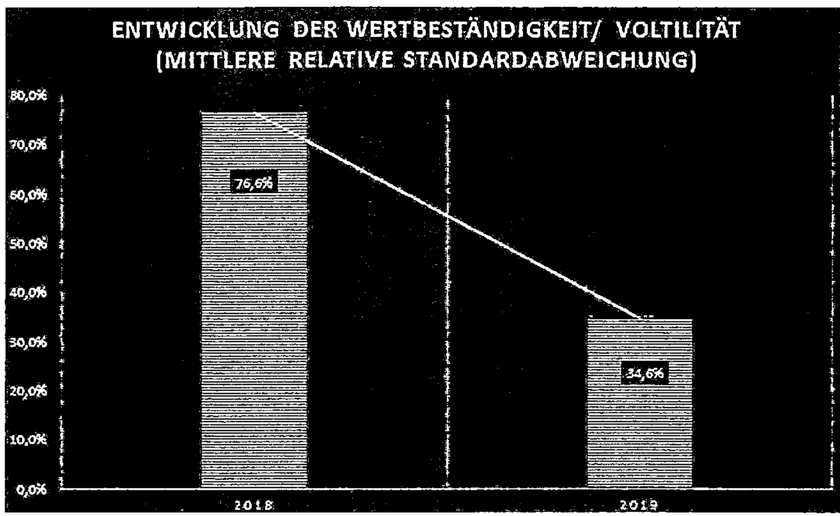

Abb. 3.7   Entwicklung der Wertbeständigkeit aller Coins. (Quelle: Eigene Darstellung)

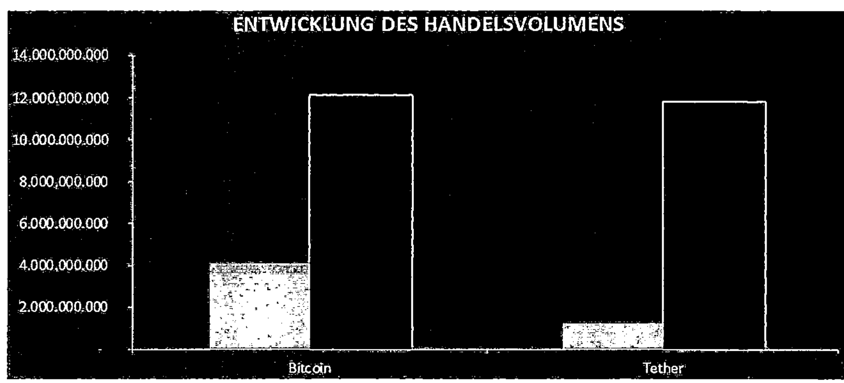

Abb. 3.8   Eigene Darstellung

Doch welche Ursachen führten zu diesen Anstiegen? Exemplarisch sollen anhand einer Chartanalyse der Kryptowährung Bitcoin Ursachen aufgezeigt werden (vgl. Abb. 3.10).

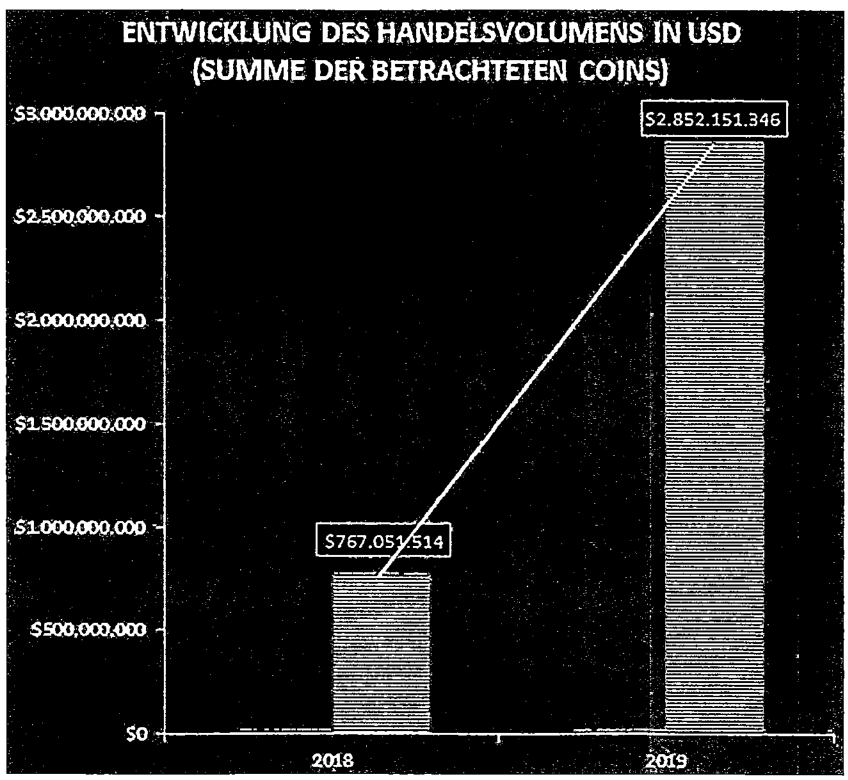

Abb. 3.9   Entwicklung des Handelsvolumens gesamt. (Quelle: Eigene Darstellung)

Der Anstieg der Handelsvolumina im Betrachtungszeitraum startete mit einer sehr hohen Transaktion im Wert von 100 Mio. US-$. Warum und wer diese Kauforder in Auftrag gegeben hat, ist nicht bekannt.

Der nächste Sprung ist auf zwei ausschlaggebende Ursachen zurückzuführen. Zum einen kündigte Facebook eine eigene Kryptowährung an. Die Nachricht rief Euphorie am Markt hervor und gab Anlegern mehr Selbstvertrauen, da eines der größten Unternehmen weltweit in die Krypto Szene einsteigen will und damit den Markt stabilisieren und weiteres Wachstum hervorrufen könnte. Der Anstieg des Handelsvolumens zeigt aber auch wie nachrichtengetrieben die Szene ist. Eine weitere wichtige Ursache lag in der Akzeptanz von Bitcoin und anderen digitalen Währungen der Whole Foods Kette. Whole Foods ist eine US-amerikanische

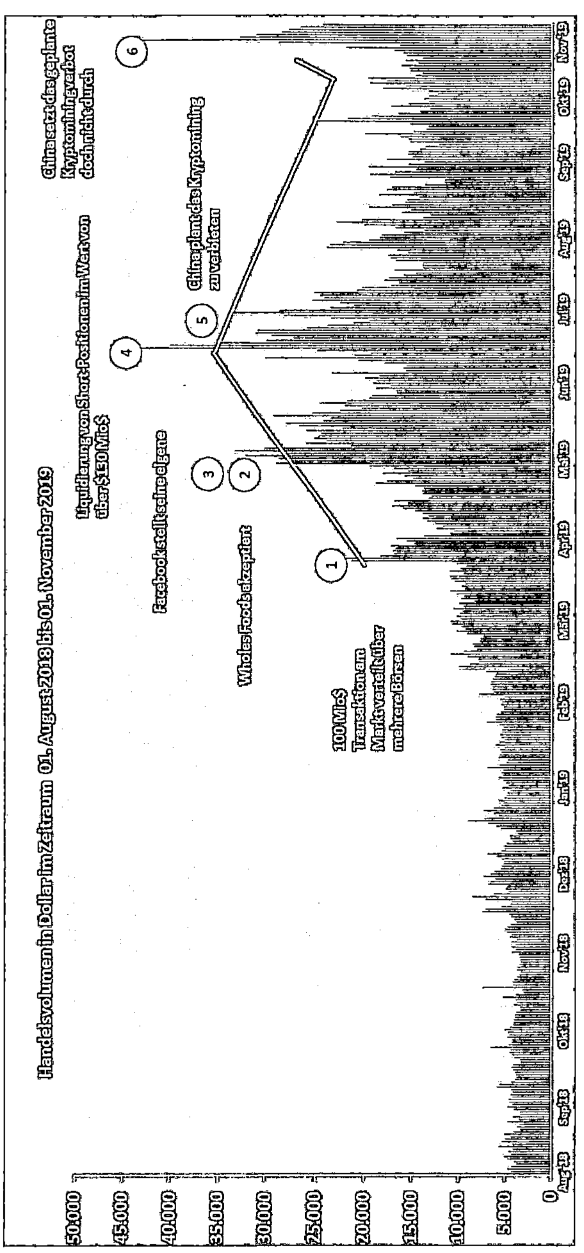

Abb. 3.10 Bitcoin Chart. (Quelle: Eigene Darstellung)

Tochterfirma von Amazon und betreibt eine der weltweit größten Biosupermarkt-ketten. Kunden können hier mit einer App einfach und schnell auch mit Bitcoin ihren Einkauf bezahlen. Eine solche Verkettung in die Realwirtschaft führt neben erhöhten Umsätzen auch zu einer höheren Bekanntheit und Vertrauenszuwächsen (vgl. Roberts 2019, o. V. 2019).

Nach dieser „soliden" Ursache für den Handelsvolumenanstieg wurde das Volumen im Juli 2019 durch Liquidierung von Short-Positionen im Wert von über 130 Mio US-$ in die Höhe getrieben. Beim Shortselling wird das jeweilige Asset durch den Shortseller vom Anbieter/Broker geliehen. Der Leerverkäufer verkauft die geliehenen Bitcoins und kauft diese zu einem späteren Zeitpunkt zurück, um sie dem Anbieter wieder geben zu können. Die Differenz zwischen Kauf- und Verkaufspreis ist folglich der Gewinn/Verlust.

Die Nachricht, dass China Kryptomining verbieten wird, dämpfte den Handel stark. Als ca. vier Monate später die Regierung das geplante Verbot trotz Ankündigung doch nicht durchsetzt, bricht wieder Euphorie am Markt aus und das Handelsvolumen schnellt nach oben (vgl. Hackett et al. 2019, vgl. Martinez 2019).

3.2.3.3 Historischer Vergleich und Zusammenfassung

Eine solche rasante Entwicklung der Preise und der Handelsvolumia deutet auf ein erhebliches Spekulationspotenzial hin. Zur Einschätzung der Marktsituation hilft wiederum ein Vergleich zur Wertentwicklung anderer historischer Güter, so z. B. die Entwicklung der Tulpenpreise gegen Ende des 17. Jahrhunderts. In dieser Zeit wurden Tulpen (und deren zahlreiche Nachzüchtigungen) aus Asien und dem Osmanischen Reich nach Europa importiert. Sie erfreuten sich aufgrund ihrer Farbenpracht größter Beliebtheit, wurden sehr schnell Statussymbol und damit auch zum Spekulationsobjekt.

Die berühmteste Tulpe war die „Semper Augustus", welche mit 10.000 Gulden pro Zwiebel (das durchschnittliche Jahreseinkommen einer Familie betrug ca. 300,- Gulden) die höchsten Preise erzielte.

Die dadurch stark steigenden Preise für alle Tulpenarten lockten Arbitrageure an, die kreditfinanzierte (Leer)-Käufe tätigten, um die Tulpen zu einem späteren Zeitpunkt mit erheblichen Kursgewinnen weiterzuverkaufen vgl. Plumpe 2010, S. 36). Diese spekulativen Leerkäufe werden, wie schon beschrieben, auch heute mit Bitcoin und anderen Digital Coins getätigt. Zu den Händlern bzw. Investoren zählten auf dem Gipfel der Spekulationswelle alle Schichten der Bevölkerung, zum Teil konnte für nur einige wenige Tulpenzwiebeln ein Haus gekauft werden. Im Winter 1636/1637 erreichten die Spekulationen ihren Höhepunkt und ab Februar 1637 begannen die Preise stark zu fallen, als vor allem ängstliche Händler verkaufen wollten. Ihre Erwartungen konnten selbst durch größere Preisnachlässe nicht erfüllt werden, woraufhin die Stimmung kippte und eine Verkaufspanik und Massenhysterie einsetzte. Viele Spekulanten und gestandene Kaufleute verarmten, aber für die breite Bevölkerung konnten die Folgen des Booms mit staatlicher Hilfe einigermaßen abgefedert werden. Gleichwohl setzte eine wirtschaftliche Rezession ein. Der „Tulpenschwindel" löste aber keine allgemeine, länderübergreifende Wirtschaftskrise aus (vgl. Plumpe 2010, S. 37).

Als kurze Zeit später eine Normalisierung eintrat, dadurch dass herausgefunden wurde wie diese Zwiebeln gezüchtet werden können, saßen auf einen Schlag vorher reiche Gutsherren ohne Hab und Gut, plötzlich auf der Straße (vgl. Eckert und Zschäpitz 2014). Auch das ist ein Beweis dafür, dass völlig unerklärliche und nahezu schizophrene Preise, zu einer Spekulationsblase führen (vgl. zur Tulpenkrise auch Tolkmitt 2012, S. 5).

Zusammenfassend lässt sich sagen, dass zwar Indizien wie gesunkene Volatilität oder der Anstieg des Handelsvolumens für eine Marktstabilisierung sprechen, bei kritischer Prüfung und Ursachenanalyse fällt aber auf, dass die Kurse doch stark nachrichtengetrieben sind und staatliche Aufsichtsbehörden die Spielregeln des Währungsmarktes bestimmen und diesen entsprechend dominieren. Weiterhin akzeptieren zu wenige reale Händler Kunstwährungen, Wholeword und einige andere setzten zwar Akzente, doch von einer breiten Marktakzeptanz ist noch lange nicht zu sprechen. Spekulanten und hohe Kursschwankungen prägen kein Bild eines seriösen, vertrauenswürdigen Marktes.

3.2.4 Digital Coins als Ressource

Unter dem Eindruck der enormen technischen und wirtschaftlichen Möglichkeiten, die mit der digitalen Transformation verbunden sind, wird der Ressourcenverbrauch neuer Digitaltechnologien eher selten thematisiert. Insbesondere bleiben die Kosten des Energieverbrauchs digitaler Prozesse oftmals unberücksichtigt. Der Strom kommt aus der Steckdose und der Computer läuft ohnehin den ganzen Tag, also kann man die Mehrkosten zusätzlicher digitaler Leistungen vernachlässigen – so die Herangehensweise. Wenn man allerdings die Energiebilanz aller digitalen Transaktionen näher betrachtet, dann stellt man schnell fest: Auf der Digitalautobahn werden genauso fossile Energieträger verbraucht und Umweltbelastungen ausgelöst wie auf der Straßenverkehrs-Autobahn. Der Ressourcenverbrauch ist nur weniger sichtbar. Unter den digitalen Technologien wiederum ist die Blockchain der SUV auf der Datenautobahn.

Dabei ist zu unterscheiden zwischen dem einmaligen Ressourceneinsatz zur Produktion der Hardware, dem einmaligen Ressourceneinsatz zur Schaffung der virtuellen Recheneinheiten und dem notwendigen Ressourceneinsatz für die laufenden Transaktionen. Bereits die Schöpfung der digitalen Transaktionseinheiten („Schürfen") verursacht einen bemerkenswerten Energieverbrauch, der in den letzten Monaten zunehmend thematisiert wird. Im Zuge der Intensivierung der Nachhaltigkeitsdebatte müssen gerade innovative Technologien hinsichtlich ihrer nachhaltigen Eignung zukünftige Prozesse zu steuern, untersucht werden. Für die führende Kryptowährung, Bitcoin, liegen dabei Referenzwerte zum Energieverbrauch vor, die eine wichtige Grundlage dafür darstellen. Der aktuelle Energieverbrauch zur Schöpfung weiterer Bitcoin-Einheiten und der mit ihnen durchgeführten Transaktionen kann innerhalb einer Bandbreite stabil ermittelt werden. Er liegt gegenwärtig bei ca. 60 TWh pro Jahr und entspricht damit dem Gesamtenergieverbrauch der Schweiz für ein Jahr (vgl. Erxleben 2019, S. 2). Die Berechnungen schwanken, weil die für zusätzliches Bitcoin-Mining erforderliche Rechenleistung exponentiell steigt und der Energieverbrauch zudem von der Art der Produktion abhängig ist. Die verschiedenen Einflussparameter sind in einer Studie der Technischen Universität München 2018 berücksichtigt. Der Studie zufolge entspricht der Kohlendioxid-Ausstoß des Bitcoin-Netzwerks im Jahr 2018 beim existierenden Energiemix und der bestehenden Produktionsstruktur ca. 22–23 Megatonnen CO_2. Dies wäre äquivalent zum Jahresenergieverbrauch der Stadt Hamburg (vgl. Stoll 2018).

Um die Ressourceneffizienz der Kryptowährungen abschätzen zu können, müssen diese Zahlen auf weitere bestehende Netzwerke von virtuellen Recheneinheiten übertragen werden. Zudem müssen die Transaktionskosten hochgerechnet werden auf eine Vielzahl der derzeitigen Blockchain-Transaktionen, wenn das Zukunftspotenzial dieser Digital-Technologie betrachtet wird. Eine solche Prognose offenbart schnell, dass die Blockchain-Technologie bei derzeitigem Energieverbrauch nicht wettbewerbsfähig sein kann und dass die Energieressourcen für einen massenfachen Einsatz verschiedener Kryptowährungen nicht ausreichen.

Ein weiterer Aspekt, der die Ressourcenfrage berührt, ist der Umfang an Datenmengen, die durch einen flächendeckenden Einsatz der Blockchain-Technologie produziert würde. Der hohe Sicherheitsgrad und mutmaßliche Vertrauensschutz von Blockchain-Transaktionen entsteht durch die unwiderrufliche, manipulationssichere Fortschreibung aller vergangenen Transaktionsdaten. Daraus entstehen bei einer weit verbreiteten Nutzung schnell große Datenmengen, die mit jeder weiteren Transaktion ansteigen und einen höheren Energiebedarf erzeugen. Zudem können zwar die Daten nicht geändert bzw. nachträglich manipuliert werden, aber jeder im dezentralen Netzwerk „Schreibberechtigte" könnte die jeweilige Blockchain mit schadhaften, sinnlosen Datenmengen sabotieren. Dies beeinträchtigt die Schnelligkeit und steigert die Kosten.

Fazit und Ausblick 4

An der Statik und Stabilität des EZB-Towers konnte bisher kein Sturm rütteln. Das etablierte Finanzsystem hat mindestens ebenso viele Winde überlebt, an der Dominanz werden auch virtuelle Währungen in absehbarer Zukunft nichts ändern. Zwar lockten exorbitante Kurssteigerungen Spekulanten an, die dezentrale Struktur der Blockchain überzeugte Anhänger eines demokratisierten, freien Finanzsystems ohne zentrale Aufsichtsbehörden – doch diese Peergroup ist klein und hat nur wenig Einfluss. Das von ihnen angeklagte autokratisch regierte Spielfeld der Mächtigen, das etablierte Finanzsystem mit Zentralbanken, bietet aber dem gemeinen Bürger eine Währung, die im Gegensatz zu den betrachteten Digital Coins, den Anforderungen, die an Zahlungsmittel gestellt werden müssen, entspricht. Erst wenn diese Anforderungen von virtuellen Währungen im höheren Maße erfüllt werden, als bisher vom Euro-System, erst dann kann von seriösen Alternativen gesprochen werden. Doch bis dahin scheint der Weg lang, solange die gegebenen Rahmenbedingungen weiter bestehen bleiben. Sollten sich bspw. durch Krisen veränderte Konstellationen ergeben, führt das zu neuen Positionierungsmöglichkeiten für virtuelle Währungen. In anderen Wirtschafts- bzw. Währungsräumen ergeben sich aus anderen Konstellationen günstigere Potenziale und Bedingungen für digitale Parallelwährungen, so z. B. in inflationsgeplagten Ländern wie Venezuela. Dort gehören Kryptowährungen zum gewöhnlichen Zahlungsverkehr, da sie die Geldfunktionen besser repräsentieren, als die staatliche Währung. Dieses Beispiel zeigt, wie schnell das Blatt sich wenden kann. Zudem befinden sich die Blockchain-Technologie sowie die darauf basierenden Digital Coins noch in den Kinderschuhen der Entwicklung, weitere Innovationsphasen müssen erst noch durchlaufen werden, bis von einer Marktreife gesprochen werden kann. Tatsächlich sind zahlreiche Beispiele für Innovationen zu finden, die in ihren historischen Ursprüngen weltfremd wirkten, für die heutige Gesellschaft nun aber zum Standard geworden sind. Aufgrund der aktuellen Datenlage sind

© Der/die Autor(en), exklusiv lizenziert durch Springer Fachmedien Wiesbaden   43
GmbH, ein Teil von Springer Nature 2020
V. Tolkmitt und R. Wittrin, *Virtuelle Währungen und das Finanzsystem,*
essentials, https://doi.org/10.1007/978-3-658-32522-0_4

die betrachteten digitalen Währungen in dieser Konstitution aber nicht als seriöses Finanzinstrument einzustufen. Schließt man den ökologischen Aspekt in die Betrachtung ein, wird diese Feststellung aktuell sogar noch untermauert.

Der Euro gehört zu den wichtigsten und wertstabilsten Währungen der Welt. Selbst eine erneute Währungskrise infolge des Brexit und/oder ausufernder Neuverschuldungen einzelner Mitgliedsländer würde das Vertrauen in den Euro wohl kaum so fundamental erschüttern, dass blockchainbasierte Zahlungsmittel zu einer Alternative werden.

Was kann ich aus diesem *essential* mitnehmen?

- Entwicklungsstand und Verbreitung von Kryptowährungen
- Verständnis der Blockchain Technologie und ihrer Möglichkeiten
- Know how über das Marktpotenzial von Kryptowährungen
- Wissen über Defizite von Kryptowährungen und Hürden bei ihrer weiteren Etablierung
- Erkenntnisse über die Leistungsfähigkeit von Token als Währung in modernen Finanzsystemen

V. Tolkmitt und R. Wittrin, *Virtuelle Währungen und das Finanzsystem,* essentials, https://doi.org/10.1007/978-3-658-32522-0

Literatur

Aequator (2018): Interaktive Cooperative Offerte (ICO), Berlin.

BaFin (2018): Digitalisierung. Folgen für Finanzmarkt, Aufsicht und Regulierung – Teil 1, in: BaFin Perspektiven, Bonn.

BaFin (2017): Aufsichtsrechtliche Einordnung von sog. Initial Coin Offerings (ICOs) zugrunde liegenden Token bzw. Kryptowährungen als Finanzinstrumente im Bereich der Wertpapieraufsicht, unter: https://www.bafin.de/SharedDocs/Downloads/DE/Merkbl att/WA/dl_hinweisschreibeneinordnung_ICOs.html, (05.06.2018).

BaFin (2016): Virtuelle Währungen/Virtual Currency (VC), unter: https://www.bafin. de/DE/Aufsicht/FinTech/VirtualCurrency/virtual_currency_node.html, zuletzt abgerufen am 01.09.2020.

Bank for International Settlements (2019): Triennial Central Bank Survey, unter: https:// www.bis.org/statistics/rpfx19_fx_annex.pdf, zuletzt abgerufen am 01.09.2020.

Bank for International Settlements (2016): Triennial Central Bank Survey, unter: https:// www.bis.org/publ/rpfx16fx.pdf, zuletzt abgerufen am 01.09.2020.

BAT (2018): Introducing Blockchain-based digital advertising, unter: https://basicattentiont oken.org, zuletzt abgerufen am 01.09.2020.

BTC-Echo (2018): Akzeptanzstellen, unter: https://www.btc-echo.de/akzeptanzstellen, zuletzt abgerufen am 01.09.2020.

Bitmann, C. (2018): Kryptowährungen einfach angewendet, Passives Einkommen mit NEO.

Blockchain Bundesverband e. V. (2018): Arbeitsgruppe Finanzen, Regulierung von Token, Version 2.0, unter: https://www.bundesblock.de/wp-content/uploads/2019/01/180406-Token-Regulation-Paper-Version-2.0-deutsch_clean_14.00.pdf, zuletzt abgerufen am 04.09.2020.

Blockstocks (2018): Tokenization of SMEs. Verfügbar unter: https://blockstocks.com/, zuletzt abgerufen am 04.09.2020.

Cryptolist (2018): Was ist NEO?, in: NEO, unter: https://www.cryptolist.de/neo, zuletzt abgerufen am 04.09.2020.

Coinmarketcap (2020): Top 100 Cryptocurrencies by Market Capitalization, unter: https:// coinmarketcap.com/, zuletzt abgerufen am 03.02.2020.

Coinmarketcap (2019): Global Charts, Total Market Capitalization. Verfügbar unter: https://coinmarketcap.com/charts/, zuletzt abgerufen am 09.09.2020.

Coinmarketcap (2013): Historical Snapshot – April 28, 2013. Verfügbar unter: https://coinmarketcap.com/historical/20130428/, (02.11.2018).

Dash (2018): Venezuela Listings. Verfügbar unter: https://discoverdash.com/location/venezuela-2/, (29.11.2018).

Dash (o. J.): Mission, in Dash-Evolution. Verfügbar unter: https://www.dash.org/evolution/, (18.07.2018).

Del Castillo, M. (2017): The FBI is worried criminals might use the private cryptocurrency monero, in: Coindesk; unter: https://www.coindesk.com/fbi-concerned-about-criminal-use-of-private-cryptocurrency-monero/, zuletzt abgerufen am 04.09.2020.

Dowlat, S., Hodapp, M. (2018): Cryptoasset market coverage initiation: Network Creation, unter: https://research.bloomberg.com/pub/res/d28giW28tf6G7T_Wr77aU0gDgFQ, zuletzt abgerufen am 04.09.2020.

Europäische Union (2018): Richtlinie 2018/843 des europäischen Parlaments und des Rates, Zur Änderung der Richtlinie (EU) 2015/849 zur Verhinderung der Nutzung des Finanzsystems zum Zwecke der Geldwäsche und der Terrorismusfinanzierung und zur Änderung der Richtlinien 2009/138/EG und 2013/36/EU, Straßburg.

EZB (2019): Geldmengenentwicklung im Euro-Währungsgebiet: August 2019, unter: https://www.bundesbank.de/resource/blob/808390/b167781ab763c24b4ac686585d30f98d/mL/2019-09-26-geldmengenentwicklung-download.pdf, zuletzt abgerufen am 04.09.2020.

EZB (2018): Geldmengenentwicklung im Euro-Währungsgebiet: Juni 2018. Verfügbar unter: https://www.ecb.europa.eu/stats/money_credit_banking/monetary_aggregates/html/index.en.html, (29.11.2018).

EZB (2012): Virtual Currency Schemes, Frankfurt am Main.

Gentner, M. (2018): NEO kaufen – diese Möglichkeiten gibt es, in finanzen.net ratgeber, unter: https://www.finanzen.net/ratgeber/kryptowaehrung/neo-kaufen, zuletzt abgerufen am 04.09.2020.

Giese, P. (2018a): Wie analysiere ich einen Token #2: Die Klassifizierung, in: BTC-Echo, unter: https://www.btc-echo.de/wie-analysiere-ich-einen-token-2/, zuletzt abgerufen am 04.09.2020.

Giese, P. (2018b): Token und Kryptowährungen – ein fundamentaler Unterschied, in BTC-Echo, unter: https://www.btc-echo.de/token-und-kryptowaehrungen-ein-fundamentaler-unterschied/, zuletzt abgerufen am 04.09.2020.

Giese, P. (2018c): Steemit – Soziales Netzwerk auf der Blockchain, in BTC-Echo, unter: https://www.btc-echo.de/steemit-soziales-netzwerk-auf-der-blockchain/, zuletzt abgerufen am 04.09.2020.

Giese, P. (2017): New chains on the block – Golem (GNT), in: BTC-Echo, unter: https://www.btc-echo.de/new-chains-on-the-block-golem-gnt/, zuletzt abgerufen am 04.09.2020.

Gorlow, V. (2017): Tokenisierung: Hürden und Chancen von Realgütern auf der Blockchain, in BTC-Echo, unter: https://www.btc-echo.de/huerden-und-chancen-von-realguetern-auf-der-blockchain/, zuletzt abgerufen am 04.09.2020.

Gorslein, E. (2018): What are KuCoin Shares (KCS)?, in: Coin-Central, unter: https://coincentral.com/2018/02/06/kucoin-shares-kcs/, zuletzt abgerufen am 04.09.2020.

Hackett, R., Roberts, J. J., Wieczner, J. (2019): The Ledger: China's Bitcoin Ban, Crypto Endowments, Arbitrage bots, unter: https://fortune.com/2019/04/16/china-bitcoin-ban-crypto-endowment-arbitrage-bots/, zuletzt abgerufen am 04.09.2020.

Hahn, C., Wons, A. (2018): Initial Coin Offering (ICO): Unternehmensfinanzierung auf Basis der Blockchain-Technologie, Berlin.

Handelsverband Deutschland (2018): Der deutsche Einzelhandel Stand August 2018, unter: https://www.einzelhandel.de/images/presse/Graphiken/DerEinzelhandel.pdf, zuletzt abgerufen am 04.09.2020.

Hanselmann, M. (2016): Die Zahl. Verfügbar, unter: https://www.deutschlandfunkkultur.de/das-wesen-aller-dinge-die-zahl.2193.de.html?dram:article_id=350690, zuletzt abgerufen am 04.09.2020.

Katalyse.io (2018): Utility Token vs. Security Token; unter: https://hackernoon.com/security-tokens-vs-utility-tokens-how-different-are-they-22d6be8901c2.

Klee, C. (2018): Report: Wash Trading bei Krypto-Börsen nach wie vor verbreitet, unter: https://www.btc-echo.de/report-wash-trading-bei-krypto-boersen-nach-wie-vor-verbreitet/?utm, zuletzt abgerufen am 04.09.2020.

Knobloch, M. (2018a): Binance Coin: Die Währung der Handelsplattform Binance.com, in Coin-Hero. Verfügbar unter: https://coin-hero.de/binance-coin/, (10.07.2018).

Knobloch, M. (2018b): Golem Network Token: Was kann das Golem Netzwerk leisten?, in: Coin-Hero. Verfügbar unter: https://coin-hero.de/golem-network-token-was-kann-das-golem-netzwerk-leisten-2/, (13.07.2018).

Knobloch, M. (2017a): Was ist Bitcoin – eine digitale Währung oder steckt noch mehr dahinter?, in: Coin-Hero. Verfügbar unter: https://coin-hero.de/bitcoin/, (07.08.2018).

Knobloch, M. (2017b): Monero (XMR) – Eine Kryptowährung mit viel Potenzial?, in Coin-Hero. Verfügbar unter: https://coin-hero.de/monero/, (18.07.2018).

Kops, M. (2017): FileCoin knackt ICO-Allzeit-Rekord mit 257 Millionen US-Dollar Funding, in BTC-Echo. Verfügbar unter: https://www.btc-echo.de/filecoin-ico-rekord/, (13.07.2018).

Lange, G. (2018): Ist Ripples XRP ein Security Token?, in: Krypto-Szene. Verfügbar unter: https://kryptoszene.de/ist-ripples-xrp-ein-security-token/, (11.07.2018).

Lexas (2016): Stromverbrauch. Verfügbar unter: https://www.laenderdaten.de/energiewirtschaft/elektrische_energie/stromverbrauch.aspx, (07.08.2018).

Marco (2017): Was ist Dash?, in: Kryptokenner, unter: https://www.kryptokenner.de/was-ist-dash/, zuletzt abgerufen am 04.09.2020.

Martinez, A. (2019): China's Updated Policy Will No Longer "Eliminate" Cryptocurrency Mining, unter: https://www.ccn.com/china-cryptocurrency-mining-alive/, zuletzt abgerufen am 04.09.2020.

Misiak, M. (2018): Neue Studie: Bitcoin Mining Stromverbrauch bis 2018 bei 0,5 % der weltweiten Energie. Verfügbar unter: https://coin-hero.de/news/neue-studie-bitcoin-mining-stromverbrauch-bis-2018-bei-05-der-weltweiten-energie/, zuletzt abgerufen am 13.12.2018.

Müller, K. (2016): Bar oder Unbar – eine Entscheidung des Verbrauchers. Verfügbar unter: https://www.bundesbank.de/resource/blob/634110/e628a866df11b8921dcbde4374c6bb64/mL/bargeldsymposium-2016-mueller-data.pdf, (22.11.2018).

Nakamoto, S. (2008): Bitcoin: A Peer-to-Peer Electronic Cash System. Verfügbar unter: https://www.bitcoin.de/de/bitcoin-whitepaper-deutsch, (03.02.2019).

Neo – ein offenes Netzwerk für Smart Economy, Was ist Neo? Verfügbar unter: https://neo.org/, (10.07.2018).

o. V. (2019): Libra: Facebook stellt eigene Währung vor, unter: https://www.haz.de/Nachrichten/Digital/Libra-Facebook-stellt-eigene-Waehrung-vor, zuletzt abgerufen am 04.09.2020.

o. V. (2020): Bitcoin Energy Consumption Index, unter: https://digiconomist.net/bitcoin-energy-consumption, zuletzt abgerufen am 04.09.2020.

Podbregar, N. (2014): Prähistorische Buchhaltung, in: Geschichte+Archäologie, unter: https://www.wissenschaft.de/geschichte-archaeologie/praehistorische-buchhaltung/, zuletzt abgerufen am 04.09.2020.

Prinz, E. (2018): Was sind Token?, in: Bitfantastik, unter: https://www.bitfantastic.com/ethereum/was-sind-token/2018/, zuletzt abgerufen am 04.09.2020.

Roberts, J. J. (2019): Bitcoin comes to Whole Foods, Major Retailers in Coup for Digital Curreny, unter: https://fortune.com/2019/05/13/bitcoin-comes-to-whole-foods-major-retailers-in-coup-for-digital-currency/, zuletzt abgerufen am 04.09.2020.

Rohm, H. (2018): Verschiedene Typen von Kryptowährungen, in: Kryptowährungen, unter: https://www.blockchaincenter.net/klassifizierung-von-kryptowaehrungen/, zuletzt abgerufen am 04.09.2020.

Schnaas, D. (2018): Geld schlägt Gott, in: Wirtschaftswoche 44/2018, S. 46–47.

Thiele, C.-L., Diehl, M. (2017): Kryptowährung Bitcoin: Währungswettbewerb oder Spekulationsobjekt: Welche Konsequenzen sind für das aktuelle Geldsystem zu erwarten?, unter: https://www.bundesbank.de/resource/blob/743056/5f5b83a30255dda9c6ba5faf21a48b2b/mL/2017-11-23-thiele-ifo-pdf-data.pdf, zuletzt abgerufen am 04.09.2020.

Tolkmitt, V., Wittrin, R. (2018): Klassifikation und Anwendung von Token, Diskussionspapier 2018/12, Hochschule Mittweida.

Wesley, D. (2018): Utility Tokens vs Security Tokens: What the Future of ICOs Will Look Like, unter: https://hackernoon.com/utility-tokens-vs-security-tokens-what-the-future-of-icos-will-look-like-faa9017e8aa8